Alles, was scharf ist: Rezepte mit Feuer

Cornelia Schinharl

Echt scharf

Heizkosten sparen? Lieblingstop im Winter anziehen? Oder einfach nur Lust auf gut Gewürztes?

Alles kein Problem – wenn die kleinen roten oder grünen Chilischoten mit in den Kochtopf kommen. Oder Wasabi, der japanische grüne Meerrettich, oder auch der normale Meerrettich aus unseren Landen oder einfach schön scharfer Senf aus der Tube oder dem Glas. Oder, oder, oder…

Warum? Weil diese Gewürze und Würzsaucen nicht nur gewaltig schmecken, sondern ziemlich Hitze machen – und das von innen. Was natürlich nicht heißen soll, dass jetzt alles nur noch höllisch brennt wie Feuer, nachdem man den ersten Bissen in den Mund geschoben hat. Nein, denn auf die richtige Dosis von den Scharfmachern kommt es an.

Skeptisch? Dazu besteht kein Anlass, es wurde an alles gedacht. So auch an die, die sich erst an gute Schärfe gewöhnen müssen. Hier der Tipp: einfach beim Würzen mit einer vorsichtigen Anfangsdosis beginnen, weil nach-würzen kann man immer noch. Und wer da unsicher ist, bekommt gleich auf den nächsten Seiten ein bisschen Schärfe-Theorie mit auf den Weg, und dann ist das scharfe Kochen echt ein Kinderspiel. Egal, ob's was zum Einstimmen oder ganz schnell fertig ist, sich fast von selber kocht oder ganz viele satt macht. Noch was:

Ausprobieren, das überzeugt!

Inhalt

Teil II:
Die Rezepte

Stimmt ein
Kleine, noch nicht so scharfe Köstlichkeiten zum Aufwärmen –
von marinierten Auberginen über knusprige Käseröllchen bis würziges Gazpacho

Ist schnell fertig
Für Leute mit wenig Zeit oder großem Hunger, der sofort gestillt werden muss –
von feinem Hühnercurry über Paprikafisch bis Wokgemüse mit Cashews

Das hat Zeit
Für jene, die sich nicht hetzen lassen und vom Stress nichts wissen wollen –
von feuriger Gulaschsuppe über Chilifisch bis Kartoffel-Auberginen-Curry

Für viele
Für gesellige Typen mit großem Bekanntenkreis –
von Salat mit Käsebroten über türkische Spaghetti bis Kartoffel-Meerrettich-Suppe

Nicht ganz so scharf

Register/Impressum

Alles, was scharf macht

Schärfe-Grade

Manche mögen's ganz heiß, andere fühlen sich bei mittleren Schärfe-Temperaturen am wohlsten und wieder andere bevorzugen schlicht und ergreifend angenehme Milde. Damit es für jeden den richtigen Schärfe-Grad gibt, hier ein paar Anhaltspunkte zum mehr oder weniger Scharf-machen. Immer auf 1 Portion bezogen.

Scharfmacher	Sehr scharf	Mittelscharf	Etwas scharf
Chilischoten	1 Schote mit Kernen	1 Schote ohne Kerne	1/2 Schote ohne Kerne
scharfes Paprikapulver	2–3 TL	1–2 TL	1/2–1 TL
Paprikaflocken	1 geh. TL	1 gestr. TL	1/2 TL
Harissa	1 TL	1/2 TL	1/4 TL
Sambal oelek	1 TL	1/2 TL	1/4 TL
Tabasco rot/grün	1 TL vom roten, 2 TL vom grünen	1/2 TL vom roten, 1 TL vom grünen	ein paar Tropfen vom roten, 1/2 TL vom grünen
Chiliöl	1 TL	1/2 TL	ein paar Tropfen
Currypaste	2 TL	1 TL	1/2 TL
Wasabi	1 TL	1/2–1/4 TL	1 Messerspitze
extra scharfer Senf	2–3 TL	1–2 TL	1/2–1 TL
frisch geriebener Meerrettich	2 TL frisch oder 4 TL erhitzt	1 TL frisch oder 2 TL erhitzt	1/2 TL frisch oder 1 TL erhitzt
Meerrettich aus dem Glas	4 TL	2 TL	1 TL

Ajvar

Scharfe oder mild-pikante Paste aus Paprika, Auberginen, Chilis, Knoblauch, Salz, Zucker und Essig. Schärft vorsichtiger als Harissa oder die Sambals und schmeckt leicht säuerlich. Passt zu osteuropäischen Gerichten, Paprikaschoten, Kartoffeln und in Dips. Gibt es im Supermarkt. Hält sich nach dem Öffnen im Kühlschrank mehrere Monate frisch.

Cayennepfeffer und Chilipulver

Für beides werden getrocknete Chilischoten gemahlen. Beim Cayennepfeffer wird dieses Pulver dann gleich pur abgefüllt. Beim Chilipulver werden oftmals die gemahlenen Chilis vorher noch mit z. B. Kreuzkümmel oder Koriander und ab und zu mit Salz zu einer raffinierten Mischung verwandelt. Also immer Aufschrift lesen! Und nicht zu viel kaufen, sonst verfliegt das Aroma.

Currypulver

Wird verkauft, als wäre es ein Gewürz, dabei sind es viele verschiedene in einer Mischung. Und die kann je nach Anteil an gemahlenem Chili mehr oder weniger scharf sein. Die größte Auswahl hat man am Gewürzstand auf dem Markt, im Asienladen oder im sehr gut sortierten Supermarkt. Curry verliert mit der Zeit Aroma, deshalb besser nicht so viel kaufen.

Chilischoten und Peperoni

Capsicum heißt die Familie, zu der sie alle gehören – von der dicken Gemüsepaprika bis zur scharfen kleinen Gewürzpaprika, und Capsaicin der Stoff, aus dem die Schärfe kommt. Wer zu viel davon erwischt, holt erst mal tief Luft und greift nach dem Wasserglas. Brot ist aber besser, weil das das Feuer viel schneller löschen kann als jeder Schluck Wasser.

Und die kleinen Chilis haben immer reichlich Schärfe, im Gegensatz zu den etwas größeren Peperoni, die je nach Sorte auch ganz mild sein können. Hier also lieber probieren, wie scharf die Schote wirklich ist, damit auch das Gewünschte in den Topf kommt. Was beide Schoten gemeinsam haben: Sie würzen mehr im Hintergrund, da sie keinen ausgeprägten Eigengeschmack haben, und verfälschen so den eigentlichen Geschmack des Gerichts nicht.

Peperoni und Chilis gibt es frisch in Grün (unreif) und Rot (reif), getrocknet nur in Rot, eingelegt in beiden Farben. Kaufen kann man alles – bis auf die ganzen getrockneten Schoten – inzwischen in fast jedem Supermarkt. Was es dort nicht gibt, bekommt man im Asienladen, auf dem Markt oder beim Italiener.
Frische Chilis und Peperoni halten offen in der Küche ein paar Tage.

Currypaste

Gibt's in Grün, Rot oder Gelb im Asienshop. Jede schmeckt unterschiedlich, alle sind aber ziemlich scharf. Beim Würzen also immer erst mal weniger dranrühren. Mehr kann's immer noch werden. Vor allem in Thailand kommen Currypasten statt getrockneten Gewürzen zum Einsatz. Im Kühlschrank halten sich die Pasten gut verschlossen viele Monate.

Harissa

Grundlage: frische Chilis. Beigabe: Knoblauch, Kreuzkümmel, Koriander, Essig, Öl. Harissa gibt es in kleinen Dosen (bald aufbrauchen, weil es sonst antrocknet!) und in Tuben und Gläsern (praktisch). Kaufen kann man es in türkischen Läden oder im Orientshop. Im Kühlschrank aufheben: die Dosen 1–2 Wochen, die Tuben und Gläser mehrere Monate.

Meerrettich

Frisch geriebener Meerrettich ist ziemlich scharf, der im Glas ist mit Sahne oder Mayo gemischt und viel milder. Auch beim Erhitzen verliert die Wurzel an Schärfe. Frischen Meerrettich gibt es ab Herbst auf den Märkten. Lagern: beides im Kühlschrank, den frischen Meerrettich im Plastikbeutel im Gemüsefach. Im Glas hält er sich etwa 1 Jahr.

Paprikapulver und -flocken

Paprikapulver und -flocken gibt es mild und intensiv färbend oder scharf und würzig. Wie kommt's? In Ungarn hat man scharfe Gewürz- und milde Gemüsepaprika miteinander „verheiratet" und heraus kamen milde Schoten mit superroter Farbe.
Diese werden als Ganzes getrocknet und vermahlen und als mildes „edelsüßes" Paprikapulver in den Handel gebracht. Noch milderes „Delikatess"-Paprikapulver entsteht, indem vor dem Trocknen die Kerne und Trennwände entfernt werden. Zudem gibt es eine scharfe Alternative: Gewürzpaprika wird zu „rosenscharfem" Pulver verarbeitet. Für Paprikaflocken werden beide Paprikasorten im Ganzen oder ohne Kerne und Trennwände getrocknet, fein zerstoßen und manchmal auch gesalzen. Die Flocken werden vor allem in der bulgarischen, griechischen und türkischen Küche verwendet. Alle Pulversorten bekommen Sie ohne Probleme in jedem Supermarkt. Am Gewürzstand oder im ausländischen Spezialitätengeschäft ist die Auswahl größer und die Qualität besser. Die Flocken gibt's nur dort.
Es gilt aber immer: Wenig kaufen, da das Aroma leicht verfliegt. Und Pulver und Flocken dunkel und trocken aufbewahren.

Pfeffer

Da, wo der Pfeffer wächst, da sieht man grün und rot. Die Beeren des Pfefferstrauches sind nämlich im unreifen Zustand erstmal grün und erst während der Reife wechseln sie zu Rot. Werden die Beeren grün geerntet, schmecken sie nicht nur würzig, sondern auch fruchtig, so richtig scharf sind sie aber nicht. Damit sie ihr Grün behalten, müssen sie ganz schnell in den Handel gebracht oder gleich in Essig eingelegt werden. Lässt man sie einfach liegen, trocknen sie und werden schwarz und ganz scharf. Pflückt man die roten Beeren vom Strauch, lässt sie trocknen und löst dann die Schale ab, hat man weißen Pfeffer. Der ist ein wenig milder als der schwarze, da er seine Schale verloren hat, die die meisten Scharfmacher enthält. Beim Einkauf Körner bevorzugen und diese frisch mahlen, dann schmeckt Pfeffer am besten.

Sambals

Stammen aus Indonesien und werden dort täglich zum Würzen verwendet. Chilis, Zucker, Öl und Salz sind die Basis. Im Asienladen kann man zwischen verschiedenen Sambals – von etwas weniger scharf bis richtig hot – wählen. Im Supermarkt findet man ein kleines Angebot. In den Gläschen halten sich Sambals im Kühlschrank mehrere Monate frisch.

Senf

Raffiniert, raffiniert, die kleinen Senfkörner. Beißt man drauf, sind sie gar nicht scharf. Mahlt man sie zu feinem Pulver und rührt sie mit etwas Flüssigkeit zu einer Paste an, auch nicht – aber nur im ersten Moment. Schon nach kurzer Zeit gibt das Senfpulver ätherische Öle frei und die Paste wird zum Senf, wie man ihn kennt: würzig und mehr oder weniger scharf.

Wie scharf der Senf wird, hängt von den verwendeten Senfkörnern ab. Aus den gelbweißen entsteht ein milder Senf, aus den braunen einer mit schon mehr Feuer, und die schwarzen Körnchen machen den Senf superscharf. Die Zubereitungsart und weitere enthaltene Zutaten spielen aber ebenfalls noch eine Rolle.
Einer der bekanntesten Senf-Spezialitäten ist der aus Frankreich stammende Dijon-Senf, der nach strenger Rezeptur aus den schwarzen Senfkörnern hergestellt wird. Aus Deutschland kennt man z.B. den süßen Weißwurstsenf, in den USA ist ein Hot dog ohne den mit Kurkuma hellgelb gefärbten Ballpark-Senf nahezu undenkbar.
Senf gibt es im Glas und in der Tube in jedem Supermarkt. Haltbarkeit: nahezu unbegrenzt. Bevor er schlecht wird, trocknet er eher ein, also Tube oder Glas immer gut verschließen.

Tabasco

Tabasco ist mittlerweile auf der ganzen Welt so berühmt geworden, dass die spezielle Chilisorte, aus der die feurige Würzsauce gemacht wird, jetzt wie die Sauce heißt: Chile tabasco. Und auch die mexikanische Hafenstadt, von der aus die Tabsco-Sauce wohl ihre Reise in die USA antrat, hat den gleichen Namen.
Hergestellt wird Tabasco in dem Staat Louisiana. Dort werden die kleinen, scharfen roten Schoten gemahlen und 3 Jahre lang in Eichenfässern eingelagert, bevor sie mit Salz und Essig vermischt zur Sauce werden.
Außer der scharfen roten Tabascosauce ist inzwischen auch eine grüne, mildere Variante im Handel. Beide bekommt man in jedem Supermarkt. Die Sauce hält sich im Kühlschrank mehrere Jahre.

Wasabi

Oder grüner Meerrettich. Die höllisch scharfe Würze wird nur in der japanischen Küche verwendet. Bei uns ist Wasabi im Asienshop zu finden: als Paste in der Tube oder als Pulver, dann 1 TL davon mit 2 TL Wasser anrühren und ein paar Minuten stehen lassen. Wasabi in der Tube hält sich kühl mehrere Monate, selbst angerührten bald verbrauchen.

Das kann mit auf den Tisch

Sieht viel, viel schöner aus als jede Deko und ist noch dazu einen Tick interessanter als nur Salz und Pfeffer!

Für den asiatischen Abend
Süßscharfe Chilisauce
Sambal oelek
Sojasauce mit einem Hauch Wasabi verrührt
Sojasauce mit ein paar Tropfen Chiliöl verfeinert
Chili, Ingwer und Knoblauch – alles fein gehackt – mit Sojasauce und wenig Sesamöl vermischt

Für den italienischen Abend
Peperoniöl (schmeckt auf Pizza und Pasta ganz fein; kann man auch selber machen: Chiliringe und Olivenöl mischen und ein paar Tage stehen lassen)
Fein gehackte Peperoni mit gehacktem Knoblauch gemischt (über Gemüse, Pasta oder Fleisch und Fisch streuen)

Für den arabischen Abend
Jogurt mit Harissa und gemahlenem Kreuzkümmel gemischt
Zitronensaft und Olivenöl verrührt und mit Harissa abgerundet

Für den deftigen Abend
Verschiedene Senfsorten und geriebener Meerrettich (passt beides zu Würstchen und als Brotaufstrich, zu Rettich und Radieschen, zu Käse und pochiertem Fleisch und Fisch)

Vorbereiten und verwenden

Von den ganzen Scharfmachern müssen nur Chili, Peperoni und Meerrettich vorbereitet werden, alles andere kommt direkt ins Essen. Naja, ein oder zwei Gewürze gibt's auch, um die man sich vorab kümmern muss.

Chilischoten und Peperoni

Man sagt, je kleiner die Schoten, desto schärfer sind sie. Das ist zwar eine Richtlinie und die haut auch oft hin, aber immer stimmen tut sie nicht. Fest steht allerdings, dass die meiste Schärfe in den Kernen und in den feinen Häutchen sitzt, an denen die Kerne hängen. Wer nicht ganz so scharf essen mag, entfernt beides vor der Verwendung.

Die Schoten putzen und zerkleinern ist Handarbeit und nicht ganz ohne. Wer Kerne und Trennhäutchen rauszupft und den Rest schneidet, hat ganz schnell scharfe Finger. Die Haut nimmt nämlich die Schärfe der Schoten bereitwillig an. Nach getaner Arbeit die Augen reiben sollte man nicht, denn auch nach gründlichem Waschen bleibt die Schärfe an den Fingern. Für Empfindliche gibt es zur Abhilfe nur eins: dünne Gummihandschuhe anziehen. Oder wenn die Kerne sowieso drinbleiben, mit einem großen Messer gleich über die Schoten drüberhacken.

Chilis und Peperoni kann man roh essen und gekocht. Der Schärfe kann das Erhitzen allerdings nichts anhaben, manchmal verstärkt sie sich sogar noch. Durch das Garen verteilt sie sich besser und gleichmäßiger.

Gewürze

Bekanntlich sind Gewürze besonders aromatisch, wenn man sie nicht gemahlen kauft, sondern das ganze Korn oder die Samen frisch zerkleinert. Grob zerstoßen kann man sie in einem Mörser und mit etwas Ausdauer. Fürs feine Mahlen nimmt man eine Gewürzmühle oder notfalls eine noch nicht gebrauchte Kaffeemühle (die dann aber nicht mehr für Kaffeebohnen verwenden).

Alles andere

Pasten und Saucen kommen am besten nach und nach ans Essen. So kann man zwischendurch immer wieder probieren und rechtzeitig „Stopp" sagen, so dass das Gericht nicht zu scharf wird.

Meerrettich

Dass frisch geriebener Meerrettich scharf ist, weiß man nach dem ersten Biss: Ursache: die ätherischen Öle, die beim Zerkleinern frei werden.

Wer frischen Meerrettich selbst vorbereitet, bekommt die Schärfe viel früher zu spüren. Los geht's bereits beim Schälen mit dem Messer oder dem Kartoffelschäler. Und beim Reiben auf der Küchenreibe merkt man es dann noch deutlicher. Alternative: Meerrettich in der Küchenmaschine fein reiben. Dann aber beim Anheben des Deckels nicht allzu neugierig sein, sonst steigen die scharfen Dämpfe einem direkt in die Nase und die Tränen können nicht mehr gestoppt werden. Lieber zur Seite schauen!

Anders als bei den Chilischoten verliert der Meerrettich beim Erhitzen an Schärfe.

stimmt ein

Wer will schon gleich zum Punkt kommen?
Vor allem, wenn's um einen gemütlichen
Abend geht, mit gutem Essen und Trinken
und allem, was sonst noch so dazu gehört.

Deswegen geht es erstmal mit vergnüg-
lichen Vorspeisen etwas sanfter los. Und
das in jeder Hinsicht, denn knusprige Käseröllchen, rote Linsensuppe mit Paprikabutter
oder feuriger Glasnudelsalat mit Huhn zum
Beispiel sind zwar pikant, aber noch nicht
so scharf, dass keine Steigerung mehr
möglich ist. Es gibt sozusagen kleine Köstlichkeiten zum Aufwärmen.

Kichererbsenpaste

FÜR ZWEI: 1 Dose Kichererbsen (240 g) im Sieb gut abtropfen lassen und mit 4 EL Olivenöl, 2 EL Zitronensaft und 2–3 EL Wasser im Mixer pürieren.

1/2 TL Kreuzkümmelpulver und 1 TL Harissa (beides gibt's im Orientshop oder beim Türken), 1 EL gehackte Petersilie und Salz nach Gusto drunterrühren.

Schmeckt zu Fladenbrot, aber auch als Dip zu Gemüse wie Paprika, Sellerie und Gurken und natürlich jedermanns Lieblingsgemüse.

Pikanter Jogurtdip

FÜR ZWEI: 1 Becher cremigen Naturjogurt (150 g) mit 1 EL süßer Sahne oder Crème fraîche und 1 EL mittelscharfem Senf oder Meerrettich verrühren, salzen.

Die kleinen Blättchen von 1 Kästchen Gartenkresse abschneiden (am besten mit der Küchenschere, damit geht es wirklich einfach) und untermischen.

Kohlrabi, Zucchini, Sellerie, Möhren und so manches mehr zurechtschneiden und darin eindippen.

Olivenpaste

FÜR ZWEI: 100 g grüne oder schwarze Oliven ohne Stein mit 1 getrockneten Chilischote und 2 EL bestem Olivenöl im Mixer fein pürieren.

1 EL gehackte Petersilie druntermischen. Salz braucht's nicht, weil das ist schon in den Oliven.

Auf frisch geröstete Weißbrotscheiben streichen und bald aufessen.

Erste Hilfe bei Heißhunger

gute
5
Minuten

15

Knusprige Käseröllchen

Fingerfood aus der Türkei

FÜR VIER:
1/2 kleine Salatgurke (etwa 150 g)
1–2 grüne Peperoni
250 g Naturjogurt (am besten griechischer)
2 Knoblauchzehen
Salz
1 Bund glatte Petersilie
1/2 Bund Dill
200 g Schafskäse
1 Ei
Pfeffer aus der Mühle
4–6 Yufka- oder Filoteigblätter (gibt's beim Griechen oder Türken, die Menge hängt von der Größe
der Blätter ab, bis zum Gebrauch unter einem feuchten Küchentuch geschmeidig halten)
1/2 l neutrales Öl zum Frittieren

Zeit: 50 Minuten
Kalorien pro Portion: 510

1 Gurkenjogurt gleich am Anfang machen, weil der stehen bleiben kann. Also die Gurke schälen, längs halbieren, Kerne mit einem Löffel rauskratzen und die Gurkenhälften auf der Küchenreibe mittelfein raspeln. (Wer nur grob und fein raspeln kann, entscheidet sich für fein.) Peperoni waschen, putzen und samt Kernen ganz fein hacken. Mit der Gurke unter den Jogurt rühren. Knoblauch schälen, durch die Presse dazudrücken. Salzen. Fertig.

2 Für die Röllchen die Petersilie und den Dill abbrausen, trockenschütteln und die Blättchen und Spitzen fein schneiden. Schafskäse fein zerbröseln und mit den Kräutern und dem Ei verrühren. Gut pfeffern, aber nicht salzen, weil davon hat der Käse schon reichlich abbekommen.

3 Je 2 Teigblätter aufeinander legen, vierteln. Jedes Viertel von Eck zu Eck in Dreiecke schneiden. Auf dem breiteren Teil der Teigdreiecke (das liegt unten) etwas Käsefüllung verteilen. Die beiden rechts und links wegstehenden Teigspitzen über die Füllung klappen, dann alles von der breiten Seite aus zur dritten Spitze hin aufrollen.

4 Ist alles gerollt, geht's ans Frittieren. Das Öl in einen weiten Topf schütten und heiß werden lassen. Ob es heiß genug ist, prüft man so: einen Kochlöffelstiel (aus Holz, versteht sich) reinhalten. Steigen daran sofort kleine Bläschen auf, kann's losgehen. Immer 4–5 Käseröllchen mit dem Schaumlöffel in das Öl legen und 2–3 Minuten frittieren, bis sie schön braun und knusprig sind, und mit dem Schaumlöffel auch wieder rausholen. Immer gleich auf eine dicke Lage Küchenpapier legen, damit das Ganze nicht so fettig wird. Ist alles frittiert, Jogurt nochmal durchrühren und auf den Tisch damit. Die Röllchen reintunken, abbeißen!

Avocadocreme
Dip und Brotaufstrich in einem

FÜR ZWEI: 1 reife Avocado (die gibt nach, wenn man mit dem Finger draufdrückt) • 3 EL Zitronensaft + vielleicht ein bisschen mehr • 1 Bund Frühlingszwiebeln • 1 Knoblauchzehe • 1 getrocknete Chilischote • 1/2 Bund glatte Petersilie • 2 EL Sauerrahm • Salz

Zeit: 10 Minuten • Kalorien pro Portion: 250

1 Die Avocado bis zum Stein rundum einschneiden. Die beiden Hälften gegeneinander drehen, eine abheben, den Stein rausholen. Das Fruchtfleisch der Avocado mit einem Löffel aus den beiden Schalen löffeln, in eine flache Schüssel geben und mit 3 EL Zitronensaft mit einer Gabel fein zerdrücken.

2 Die Frühlingszwiebeln waschen, putzen und das dunkle Grün wegschneiden, den Rest ganz fein schneiden. Knoblauch schälen und durch die Presse drücken. Chilischote im Mörser zerstoßen. Petersilie abbrausen, trockenschütteln und die Blättchen fein schneiden.

3 Alles Zerkleinerte mit dem Sauerrahm unter die Avocado rühren, salzen und vielleicht noch mit ein bisschen Zitronensaft würzen. Dazu sind Tortillachips ein Gedicht!

Tomatensalsa
Gibt's bei jedem Mexikaner und jetzt auch daheim

FÜR ZWEI: 2 schöne rote Fleischtomaten (zusammen ungefähr 400 g) • 1 rote Zwiebel • 1 frische oder getrocknete Chilischote • 1/2 Bund Koriandergrün (wenn's das nicht gibt, glatte Petersilie nehmen) • 1 EL Zitronensaft • Salz

Zeit: etwa 15 Minuten • Kalorien pro Portion: 40

1 Stielansatz der Tomaten mit schrägem Rundumschnitt rausholen. Die Tomaten in einen Topf legen, kochend heißes Wasser drüberschütten und kurz ziehen lassen. Abgießen, kalt abschrecken und die Haut abziehen. Die Tomaten ganz klein würfeln, zu klein kann's gar nicht werden!

2 Die Zwiebel schälen und ebenso klein schneiden. Die frische Chilischote waschen und halbieren, den Stielansatz und die kleinen Samen raustrennen und die Schote ganz klein schneiden. Oder die getrocknete Schote im Mörser zerreiben. Den Koriander abbrausen, trockenschütteln und die Blättchen klein hacken.

3 Alles Zerkleinerte mit dem Zitronensaft mischen, salzen. Dann kann's losgehen! Mit Tortillachips einmal durch die Salsa fahren (oder mehrmals, je nachdem).

am besten zu

Tortillachips

Würzig marinierte Auberginen

Schmecken wie im Urlaub in Italien

FÜR VIER:
2 kleinere Auberginen, weil die besser schmecken als die großen (zusammen ungefähr 500 g)
Salz
10 EL Olivenöl
2 rote Chilischoten
1 Bund Frühlingszwiebeln
2 Knoblauchzehen
1 Bund glatte Petersilie
Saft von 1 Zitrone

Zeit: 30 Minuten + 4 Stunden Durchziehen
Kalorien pro Portion: 330

1 Die Auberginen waschen, putzen und quer oder längs (wie es besser passt) in Scheiben schneiden: knapp 1 cm dick. (Eventuell die Schale vorher mit dem Sparschäler abschälen, dann schmeckt das Gemüse später noch feiner.) Die Auberginenscheiben salzen und ziehen lassen – ungefähr 10 Minuten oder so lang, bis sich kleine Wassertröpfchen auf dem Gemüse zeigen. Die werden dann mit Küchenpapier abgetupft.

2 In einer großen Pfanne nach und nach etwas Öl heiß werden lassen (wenn die Pfanne beschichtet ist, braucht man weniger Öl) und die Auberginenscheiben darin portionsweise bei mittlerer Hitze von beiden Seiten schön braun braten. Aus der Pfanne raus, Zwischenstation Küchenpapier, dann in eine flache, große Schale legen.

3 Zwischendurch kann man immer mal ein bisschen weiterschnippeln: Chilischoten waschen, den Stielansatz ab. Für ganz Scharfe die Kerne drinlassen, ansonsten rausholen. Schote in Ringe schneiden. Die Frühlingszwiebeln waschen, putzen und das dunkle Grün abschneiden, den Rest ebenfalls in Ringe schneiden. Knoblauch schälen und in feine Scheibchen schneiden. Petersilie abbrausen, trockenschütteln, die Blättchen hacken.

4 Wenn alle Auberginen gebraten sind, Chili, Knoblauch und Zwiebelringe im verbliebenen Fett kurz andünsten. Mit dem Zitronensaft und 50 ml Wasser ablöschen und den Bratsatz gut loskochen. Den Sugo salzen und die Petersilie untermischen. Über die Auberginen gießen und mindestens 4 Stunden durchziehen lassen.

Auch nicht schlecht: Statt Auberginen ungefähr 700 g kleine Champignons nehmen und in 4 EL Öl braten. Mit dem Sugo und Basilikum statt Petersilie vermischen, Kapern nach Gusto dazu. Oder 500 g sehr kleine Zwiebeln (notfalls größere nehmen und halbieren) schälen und in 2–3 EL Öl andünsten. Mit 100 ml Rotwein, 2 getrockneten Chilischoten und 1 EL Honig zugedeckt 10 Minuten dünsten. Salzen und abkühlen lassen.

Rote Linsensuppe mit Paprikabutter
Hier gibt Rot den Ton an

FÜR ZWEI: 1 kleine Zwiebel • 2 Knoblauchzehen • 2 EL Butter • 100 g kleine rote Linsen • 1/2 l Brühe (aus Gemüse oder Fleisch oder was im Schrank gerade zu finden ist) • Salz • Pfeffer aus der Mühle • 100 g Naturjogurt (am besten aus Schafsmilch) • 2–3 TL Zitronensaft • 1–2 TL scharfes Paprikapulver • einige kleine Petersilienblättchen • eventuell 1–2 TL Paprikaflocken (gibt's im Orientshop oder beim Türken)

Zeit: 30 Minuten • Kalorien pro Portion: 325

1 Die Zwiebel und den Knoblauch schälen und ganz fein schneiden. 1 EL Butter im mittelgroßen Topf zerlaufen lassen, Zwiebel und Knoblauch reinrühren und andünsten. Linsen dazu und auch kurz rühren.

2 Brühe dazuschütten und alles zugedeckt bei mittlerer Hitze ungefähr 20 Minuten köcheln lassen, bis die Linsen ganz weich sind. Suppe pürieren – mit dem Pürierstab im Topf oder im Mixer, dann die Suppe wieder zurück in den Topf schütten. Mit Salz und Pfeffer würzen. Jogurt und Zitronensaft unterrühren.

3 Die übrige Butter in einem kleinen Topf zerlaufen lassen, Paprikapulver dazu, umrühren. Die Suppe auf schön warme Teller verteilen, Paprikabutter drauflaufen lassen. Mit Petersilienblättchen und eventuell auch Paprikaflocken bestreuen. Essen! Dazu passt Toastbrot oder anderes Weißbrot.

Süßscharfe Suppe mit Fisch
Genial und gar nicht teuer

FÜR ZWEI: 1 Rotbarschfilet (es darf aber auch ein anderer Fisch sein, ungefähr 180 g schwer) • 1 Tomate oder 6–8 Kirschtomaten • 2–3 Frühlingszwiebeln • 1 Dose Ananasstücke (140 g) • 400 ml Gemüsebrühe oder Gemüsefond (fertig gekauft, 1:1 mit Wasser verdünnt) • 1 getrocknete Chilischote • 2 EL Reisessig (aus dem Asienladen) oder Aceto balsamico • Salz • 1 TL Zucker • einige Koriander- oder zarte Petersilienblättchen

Zeit: 20 Minuten • Kalorien pro Portion: 205

1 Das Fischfilet in gut 1 cm große Würfel schneiden. Tomate waschen, Stielansatz rausschneiden, Tomate achteln. Oder die Kirschtomaten waschen und halbieren. Frühlingszwiebeln waschen, putzen und das ganz dunkle Grün abschneiden, den Rest in feine Ringe schneiden. Ananas abtropfen lassen, den Saft auffangen.

2 Brühe oder verdünnten Fond im Topf heiß werden lassen. Die Chilischote im Mörser fein zerstoßen und mit den Zwiebelringen dazugeben, 2 Minuten köcheln lassen. Essig und Ananassaft untermischen, salzen, zuckern.

3 Den Fisch, die Ananasstücke und die Tomate oder Kirschtomaten in die Suppe rühren und alles bei mittlerer Hitze etwa 2 Minuten heiß werden lassen. Mit Koriander- oder Petersilienblättchen bestreuen und servieren.

zum Auslöffeln

gut

Würziger Gazpacho
Erfrischend kühl an heißen Tagen

FÜR VIER ODER ZWEI: 4 Scheiben Toastbrot • 1 Zwiebel • 2 Knoblauchzehen • 1 rote oder grüne Chilischote • 4 EL bestes Olivenöl • 1 Bund glatte Petersilie • 500 g Tomaten • 1 mittelgroße Salatgurke • 1 gelbe Paprika-schote • 2 EL Weinessig (weißer oder roter, egal) • Salz • Pfeffer aus der Mühle

Zeit: 20 Minuten + 1 Stunde Kühlen • Kalorien pro Portion: 230 (BEI VIEREN)

1 Die Hälfte vom Brot in einen tiefen Teller legen, Wasser drüberschütten und das Brot weich werden lassen. Zwiebel und Knoblauch schälen, grob schneiden. Chili waschen, Stielansatz abschneiden, den Rest auch grob schneiden. Das Brot ausdrücken und mit Zwiebel, Knoblauch, Chili und Öl im Mixer fein pürieren.

2 Petersilie abbrausen, trockenschütteln, Blättchen von den Zweigen zupfen. Tomaten waschen und entstielen, die Gurke schälen und ein 5-cm-Stück abschneiden und weglegen. Paprika putzen und waschen, ein Viertel der Schote ebenfalls weglegen. Gemüse grob schneiden und mit Petersilie und 150 ml Wasser zum Brotpüree geben, mixen. Mit Essig, Salz und Pfeffer würzen und etwa 1 Stunde kühl stellen.

3 Beiseite gelegtes Gemüse ganz fein würfeln, übriges Brot ebenso. Eine Pfanne auf den Herd stellen und heiß werden lassen. Brotwürfel darin anrösten, unter Rühren und ohne Fett. Den Gazpacho nochmal durchmixen, in Teller geben und die Gemüse- und Brotwürfel drüberstreuen.

Knoblauchgarnelen
Alleine essen verboten!

FÜR ZWEI: 150–200 g geschälte Garnelen • 3–4 Knoblauchzehen • 1–2 getrocknete Chilischoten • einige Zweige glatte Petersilie • 4 EL Olivenöl • Salz

Zeit: 10 Minuten • Kalorien pro Portion: 330

1 Ist am Garnelenrücken unter dem Fleisch ein kleiner schwarzer Strich zu sehen? Garnelen da einschneiden und mit einem kleinen, spitzen Messer den Darm (das ist der schwarze Strich) rausholen. Ansonsten: die Garnelen nur kalt abbrausen und mit Küchenpapier trockentupfen.

2 Den Knoblauch schälen und in feine Scheiben schneiden. Chilischote fein zerkrümeln (Mörser benutzen falls vorhanden) oder mit dem Messer hacken. Petersilie abbrausen, trockenschütteln und Blättchen fein schneiden.

3 Das Öl in einer Pfanne – am besten mittelgroß – warm werden lassen. Knoblauch und Chili darin 1 Minute braten. Die Garnelen reinlegen, Petersilie drüber und unter Rühren nur so lange braten, bis die Garnelen schön rot sind (wirklich nicht länger, sonst werden sie hart), salzen. Mit frischem Weißbrot zum Tunken servieren.

Feuriges aus

Spanien

Artischocken mit scharfer Sauce

Hilfe nötig? Geht auch solo schnell genug

FÜR VIER:
2 unbehandelte Zitronen
4 dicke, fleischige Artischocken
Salz
4–6 eingelegte Peperoni
2 Kästchen Gartenkresse
400 g Naturjogurt (am besten griechischer oder türkischer)
2–4 EL süße Sahne

Zeit: etwa 30 Minuten
Kalorien pro Portion: 160

1 Zitronen heiß waschen und die Hälfte von der Schale fein abreiben, dann halbieren und den Saft auspressen. Artischocken waschen und den Stiel abschneiden. Die Schnittstellen gleich mit etwas Zitrone einreiben, damit sie nicht braun werden. Die Spitze von jedem Artischockenblatt mit der Küchenschere gerade schneiden.

2 In einen großen Topf – alle Artischocken müssen Platz drin haben – reichlich Wasser schütten und auf den Herd stellen. Salz und Zitronensaft dazu, zum Kochen bringen. Artischocken reinlegen, Deckel drauf und 20–30 Minuten kochen lassen.

3 Während dessen schon mal die Sauce machen: Peperoni entstielen und ganz fein schneiden. Gartenkresse mit der Küchenschere abschneiden. Den Jogurt mit der Sahne verrühren, Peperoni, Kresse und Zitronenschale druntermischen. Mit Salz würzen und in Schälchen füllen.

4 Nach 20 Minuten prüfen, ob die Artischocken fertig sind: 1 Artischocke mit dem Schaumlöffel aus dem Sud holen und 1 Blatt mit einem Stück Küchenpapier (verhindert das Fingerverbrennen!) abzupfen. Geht's ganz leicht, sind sie fertig. Geht's schwer, noch für ein paar Minuten zurück in den Topf geben.

5 Wenn die Artischocken fertig sind, aus dem Sud holen und auf den Kopf gestellt in einem Sieb kurz abtropfen lassen. Umdrehen, auf Teller setzen und mit der Sauce genießen: Die Blätter nacheinander rauszupfen, mit der fleischigen Seite in die Sauce tunken und das Artischockenfleisch mitsamt der Sauce mit den Zähnen „rausziehen". Wenn die Blätter ganz dünn werden, radikal abschneiden und auch die feinen Fäden („Heu" genannt) entfernen. Jetzt kommt der Artischockenboden zum Vorschein. Zu Messer und Gabel greifen und ebenfalls mit der Sauce essen. Dazu schmeckt frisches Weißbrot und ein gut gekühlter Weißwein.

Paprika und Peperoni mit Jogurt
Schmecken am nächsten Tag fast noch besser

FÜR ZWEI: 4 schmale, längliche Paprikaschoten (hellgrün oder gelb, gibt's beim Türken) • 4 grüne Peperoni • 1 Zwiebel • 4 EL Olivenöl • Salz • 250 g Naturjogurt • 2 Knoblauchzehen • einige Petersilienblättchen

Zeit: 20 Minuten • Kalorien pro Portion: 410

1 Die Paprikaschoten und die Peperoni waschen. Die Paprikaschoten vierteln, den Stielansatz und das Innenleben rauslösen. Von den Peperoni den Stielansatz abschneiden. Wer nicht allzu scharf essen will, holt auch noch vorsichtig die Kerne aus den Schoten raus. Die Zwiebel schälen und in feine Streifen schneiden.

2 Eine mittelgroße Pfanne auf den Herd stellen, das Öl reingießen und richtig schön warm werden lassen. Die Paprikaviertel und die Peperoni reinlegen und bei mittlerer Hitze 5 Minuten braten. Wenden, Zwiebel auch reinlegen und etwa 5 Minuten weiterbraten, bis das Gemüse bissfest ist. Salzen und auf eine Platte legen.

3 Jogurt cremig verrühren, salzen. Den Knoblauch schälen, dazupressen und gut unterrühren. Einen Teil davon über das Gemüse träufeln, den Rest extra dazustellen. Petersilie drüberstreuen.

Möhren mit Ajvar und Walnüssen
Fix, easy, gut

FÜR ZWEI: 150 g zarte Möhren • 1 Hand voll Walnusskerne • 1 Bund Dill • 1 EL Olivenöl • Salz • 1 Knoblauchzehe • 100 g Naturjogurt (am besten griechischer) • 1 TL Honig • 1–2 TL scharfes Ajvar (fertig gekauft)

Zeit: 15 Minuten • Kalorien pro Portion: 210

1 Die Möhren schälen und auf der Küchenreibe fein raspeln. Die Walnusskerne in kleine Stücke brechen (geht ganz einfach mit den Fingern). Den Dill abbrausen, trockenschütteln und die Spitzen von den Zweigen zupfen.

2 Das Öl in einer kleineren Pfanne schön warm werden lassen. Möhrenraspel reinrühren und nur 1 Minute anbraten. Salzen und in eine Schüssel umfüllen.

3 Den Knoblauch schälen und durch die Presse zu den Möhren drücken. Jogurt, Honig und 1 TL Ajvar dazulöffeln, Walnüsse und Dill reinschütten, untermischen, salzen. Braucht es etwas mehr Ajvar? Ja, dann noch den Rest untermischen. Schmeckt am besten zu frisch gebackenem Sesamfladen.

Feinkost

auf Türkisch

Feuriger Glasnudelsalat mit Huhn

Kann gut vorbereitet werden

FÜR ZWEI:
50 g Glasnudeln
1 Hähnchenbrustfilet (etwa 150 g schwer)
1 Bund Frühlingszwiebeln
1 rote Chilischote
1 haselnussgroßes Stück frischer Ingwer
1 Hand voll Erdnusskerne (möglichst frisch)
1 EL Öl (gut wären Erdnuss- oder Sesamöl)
1 EL Reisessig (aus dem Asienladen) + ein bisschen mehr, notfalls geht auch Zitronensaft
2 EL Fischsauce (aus dem Asienladen) oder Fischfond (fertig gekauft)
2 TL Zucker
Salz

Zeit: 30 Minuten
Kalorien pro Portion: 365

1 Die Glasnudeln aus der Packung nehmen und am besten gleich in eine große Schüssel legen, weil sie leicht brechen und runterfliegen. Die Nudeln auseinander lösen und lauwarmes Wasser drüberlaufen lassen. 10 Minuten brauchen sie jetzt mindestens, bis sie weich werden.

2 Hähnchenbrustfilet in kleine Würfel schneiden – besser zu klein als zu groß. Die Frühlingszwiebeln waschen, putzen und das ganz dunkle Grün wegschneiden, den Rest in feine Ringe schneiden. Die Chili waschen und den Stielansatz abschneiden, Schote fein hacken. (Wer's nicht ganz so scharf mag, entfernt die Kerne vorher.) Ingwer schälen und zuerst in hauchdünne Scheiben, dann in superfeine Stifte schneiden. Die Erdnusskerne hacken.

3 Eine nicht zu kleine Pfanne auf den Herd stellen und mittelheiß werden lassen. Das Öl reinschütten. Fleisch dazu und so lange unter Rühren garen, bis es rundum weiß ist. Erdnüsse, Ingwer, Chili und Zwiebelringe untermischen. Bei mittlerer Hitze noch 3–4 Minuten weiterrühren und braten.

4 Die Glasnudeln in einem Sieb gut abtropfen lassen und in die Pfanne kippen, kurz mitbraten. Alles in die Schüssel zurückschütten. Den Essig mit der Fischsauce oder dem Fischfond und dem Zucker gut verrühren, unter die Nudeln mischen. Salzen und abschmecken, vielleicht muss noch ein bisschen mehr Essig und Salz dran. Der Salat schmeckt lauwarm oder kalt am feinsten, also etwas stehen lassen. Falls er dann zu trocken geworden ist, einfach löffelweise noch so viel Wasser drunterrühren, dass es passt.

Ist schnell fertig

Rasch noch was einkaufen und dann schnell nach Hause, weil der Hunger groß ist oder die Zeit knapp oder beides. Fürs Gemüse- oder Fleischschnippeln und kurz In-der-Pfanne-oder-dem-Wok braten sind aber schon noch ein paar Minuten übrig, oder?

Sollten sie jedenfalls, denn dann gibt's nämlich zur Belohnung feines Hühnercurry mit Kokosmilch, Wokgemüse mit Cashews oder Paprikafisch – alles im Handumdrehen gekocht.

Penne all'arrabbiata

FÜR ZWEI: 1 Zwiebel und 1 Knoblauchzehe schälen und fein schneiden, in 1 EL Olivenöl anbraten.

1–2 getrocknete Peperoni fein zerkrümeln – gut geht's im Mörser – und dazugeben. 1 Dose Tomaten (400 g) in der Dose klein schneiden (oder bereits gewürfelte Tomaten verwenden), dazugeben. Salzen und das Ganze etwa 15 Minuten köcheln lassen.

Inzwischen 200–250 g Penne in reichlich kochendem Salzwasser garen, wie es auf der Packung steht. Im Sieb abtropfen lassen und mit der Sauce mischen.

Asiennudeln mit süßsaurer Sauce

FÜR ZWEI: 200 g Udon-Nudeln (japanische Band- nudeln, aus dem Asienladen) in reichlich kochendem Salzwasser garen, wie es auf der Packung steht.

1 Bund Frühlingszwiebeln waschen, putzen und das dunkle Grün wegschneiden, den Rest in feine Ringe schneiden. 1 Packung Tofu (250 g) in kleine Würfel schneiden, in 1 EL Erdnussöl rundum braten, salzen.

Nudeln abgießen und mit Tofu, Frühlingszwiebeln, 1 EL süßscharfer Sauce (fertig gekauft, ebenfalls aus dem Asienladen) und 2 TL Sojasauce mischen.

Spaghetti aglio olio peperoncino

FÜR ZWEI: 250 g Spaghetti in reichlich kochendem Salzwasser garen, wie es auf der Packung steht.

1 Knoblauchzehe schälen und in dünne Scheiben schneiden. 1–2 getrocknete Peperoni ganz fein zer- krümeln – gut geht's im Mörser.

Die Nudeln abgießen. Den Knoblauch und die Peperoni im Topf mit 3 EL Olivenöl warm machen, Nudeln untermischen, fertig.

Pasta aus dem Vorrats- schrank

gute

15

Minuten

Feines Hühnercurry mit Kokosmilch
So schnell fertig wie der Reis dazu

FÜR ZWEI: 250 g Hähnchenbrustfilet (ohne Haut) • 1 haselnussgroßes Stück frischer, ganz junger Ingwer • 1 Knoblauchzehe • 2 TL Honig • 1 EL Sojasauce • 200 g Champignons, Egerlinge oder Austernpilze • 100 g Kirschtomaten • 1 Bund Basilikum • 3 EL Erdnussöl • 1 Dose Kokosmilch (400 ml) • 2–3 TL rote, grüne oder gelbe Currypaste (fertig gekauft, aus dem Asienladen) • Salz

Zeit: 20 Minuten • Kalorien pro Portion: 400

1 Hähnchenfilet in Streifen schneiden und in eine Schüssel legen. Ingwer und Knoblauch schälen, beides durch die Presse zum Huhn drücken. Honig und Sojasauce auch dazu, gut durchmischen. Die Pilze trocken abreiben, die Stielenden entfernen, den Rest in Scheiben oder Streifen schneiden. Die Tomaten waschen und halbieren. Das Basilikum abbrausen, trockenschütteln und die Blättchen von den Zweigen zupfen.

2 Einen Wok auf dem Herd heiß werden lassen. 2 EL Erdnussöl reinschütten. Das Fleisch reinrühren – etwa 1 Minute –, bis es sich hell gefärbt hat. An den Rand schieben. Pilze in den Wok werfen, übriges Öl dazu und ungefähr 2 Minuten braten. Fleißig weiterrühren.

3 Kokosmilch angießen. Currypaste unterrühren und die Tomaten auch, salzen. 2 Minuten köcheln lassen, dann das Basilikum untermischen. Probieren. Nachwürzen? Nur bei Bedarf. Dazu gibt's Reis.

Wokgemüse mit Cashews
Schmeckt nicht nur Vegetariern

FÜR ZWEI: 1 rote Paprikaschote • 1 dünne Stange Lauch • 100 g Zuckerschoten • 1–2 rote Chilischoten • 1 dicke Möhre • 1 haselnussgroßes Stück frischer Ingwer • 1 Knoblauchzehe • 2 EL Erdnussöl • 1 EL Cashewkerne (kann auch „Bruch" sein) • 2–3 EL Sojasauce • etwa 1/2 EL Zitronensaft

Zeit: 25 Minuten • Kalorien pro Portion: 235

1 Paprikaschote, Lauch, Zuckerschoten und Chili waschen und putzen. Möhre, Ingwer und Knoblauch schälen. Paprika, Lauch und Möhre in etwa 5 cm lange, nicht zu dicke Streifen schneiden. Ingwer und Knoblauch ganz fein hacken, die Chili in dünne Ringe schneiden. Die Zuckerschoten eventuell schräg halbieren.

2 Einen Wok auf dem Herd heiß werden lassen. Das Öl reinschütten, die Cashewkerne reinwerfen und unter Rühren braten, bis sie goldgelb sind. Mit dem Schaumlöffel rausfischen. Die Zuckerschoten reinrühren und 2 Minuten im Öl braten, dann das übrige Gemüse mit Ingwer, Knoblauch und Chili in den Wok schütten und in ungefähr 6 Minuten bissfest braten. Und immer gut rühren während der Zeit! Mit Sojasauce und Zitronensaft würzen, die Nüsse untermischen. Reis oder asiatische Nudeln passen dazu ausgezeichnet.

aus dem

Wok

Paprikafisch
Das Richtige für den kleinen Geldbeutel

FÜR ZWEI: 350 g Fischfilet (z. B. Rotbarsch oder Seelachs oder Kabeljau) • 1 Zwiebel • 1 EL Butter • 1 TL ganzer Kümmel (wer mag) • 200 g Sauerrahm • Salz • Pfeffer aus der Mühle • 2 TL scharfes Paprikapulver • 1 TL Zitronensaft • 1/2 Bund Schnittlauch

Zeit: 15 Minuten • Kalorien pro Portion: 310

1 Das Fischfilet in gut 1 cm große Würfel schneiden. Die Zwiebel schälen und ganz fein schneiden. Die Butter in einer Pfanne (mittelgroß wäre optimal und einen Deckel müsste sie auch noch haben) zerlassen. Die Zwiebel reinrühren und bei mittlerer Hitze ungefähr 5 Minuten braten, bis sie glasig ist. Immer mal wieder durchrühren.

2 Jetzt kommt der Kümmel dazu – kurz mitbraten. Den Sauerrahm reinschütten, mit Salz, Pfeffer, Paprika und Zitronensaft würzen, heiß machen, dann die Platte ausschalten. Die Fischwürfel leicht salzen und pfeffern und in die Sauce legen. Deckel drauf, 4 Minuten warten.

3 Inzwischen den Schnittlauch abbrausen, trockenschütteln und in Röllchen schneiden. Den Fisch einmal vorsichtig mit der Sauce verrühren, Schnittlauch draufstreuen, essen!

Fischfilets mit Meerrettichpanade
Knusprig, zart, saftig – einfach unübertroffen gut

FÜR ZWEI: 2 Fischfilets (jedes ungefähr 180 g schwer, könnte Rotbarsch sein oder Seelachs oder Viktoriabarsch) • Salz • Pfeffer aus der Mühle • 1 EL Zitronensaft • 1 Stück frischer Meerrettich (etwa 1–2 cm) • 1 großes Ei • 5 EL Semmelbrösel • 1 EL Öl (nicht zu intensiv im Geschmack) • 1/2 EL Butter • 1 unbehandelte Zitrone, in nicht zu dicke Spalten geschnitten

Zeit: 15 Minuten • Kalorien pro Portion: 370

1 Die Fischfilets salzen und pfeffern und den Zitronensaft drauftröpfeln lassen. Meerrettich schälen und fein reiben, gleich in einen Teller. Das Ei aufschlagen, in einen zweiten Teller geben und mit einer Gabel kurz, aber kräftig verrühren. Die Semmelbrösel wieder in einen anderen Teller schütten.

2 Die Fischfilets zuerst im Meerrettich wenden, dann durchs Ei ziehen und zum Schluss in die Semmelbrösel legen. So lang in den Bröseln hin und her wenden, bis sie ganz damit bedeckt sind. Panade gut festdrücken.

3 In einer beschichteten Pfanne (in der beide Filets nebeneinander Platz haben) Öl und Butter warm machen. Filets reinlegen, ungefähr 4 Minuten braten, umdrehen und nochmal 4 Minuten braten. Fischfilets auf Teller legen, Zitronenspalten dazu. Als Beilage passen klassisch Kartoffelsalat oder gemischter Salat und Brot.

billig, gut,

schnell

Würzige Tortilla
Schmeckt nach Süden

FÜR ZWEI:
1 rote Zwiebel
1 Knoblauchzehe
1 grüne Chilischote
1 Stück scharfe Knoblauchwurst (etwa 100 g)
300 g vorwiegend fest kochende Kartoffeln
3 EL Olivenöl, 4 Eier
Salz, Pfeffer aus der Mühle

Zeit: 40 Minuten
Kalorien pro Portion: 595

1 Die Zwiebel schälen und in feine Streifen schneiden. Die Knoblauchzehe schälen und fein hacken. Die Chilischote waschen, den Stielansatz abschneiden, den Rest in feine Ringe schneiden (wer's nicht ganz so scharf mag, entfernt vorher die Kerne).

2 Die Knoblauchwurst in dünne Scheiben schneiden. Die Kartoffeln schälen, kurz waschen und abtropfen lassen, dann in dünne Scheiben schneiden. Eine doppelte Schicht Küchenpapier auf die Arbeitsplatte legen, Kartoffeln draufwerfen und mit noch mehr Papier bedecken. Gut draufdrücken und die Kartoffeln so trocknen.

3 Das Öl in einer mittelgroßen Pfanne (am besten beschichtet, ein Deckel muss sein) heiß werden lassen. Die Kartoffelscheiben reinlegen und unter Rühren bei mittlerer Hitze ungefähr 3 Minuten braten – die Scheiben sollen schön braun werden. Zwiebel, Knoblauch, Chili und Wurst druntermischen und kurz braten.

4 Die Eier mit etwas Salz und Pfeffer kurz verrühren. Über die Kartoffeln gießen und die Hitze auf schwache Stufe runterdrehen. Tortilla ungefähr 10 Minuten backen. Dann kommt der Wendetest: Hat die Tortilla auf der Unterseite eine goldbraune Kruste und löst sie sich ganz leicht vom Pfannenboden, darf sie gewendet werden. Wenn nicht, muss sie noch ein paar Minuten in der Pfanne bleiben.

5 Zum Wenden einen Teller auf die Pfanne legen, beides gut festhalten und mit Schwung um 180 Grad drehen. Die Tortilla zurück in die Pfanne rutschen lassen. Deckel drauf und ungefähr 5 Minuten braten, bis die Kartoffeln weich sind. Die Tortilla aus der Pfanne holen und wie eine Torte in Stücke schneiden. Dazu schmeckt Salat oder einfach nur Brot frisch aus dem Ofen.

AUCH NICHT SCHLECHT: Eine Frittata wird daraus, wenn man die Kartoffeln weglässt und stattdessen die gleiche Menge Gemüse wie grünen Spargel, Mangold, Pilze, Zucchini oder ganz junge Artischocken in der Pfanne anbrät. Knoblauch und gehackte Kräuter dazu und die Eiermasse drüberschütten. Wie beschrieben backen.

Satéspieße mit Erdnusssauce
Hhmm! Lecker!

FÜR VIER: 700 g Hähnchenbrustfilet oder Schweinelende • 1 walnussgroßes Stück frischer, ganz junger Ingwer • 2 Knoblauchzehen • je 1 TL Koriander- und Kreuzkümmelpulver (gibt's im Orientshop oder beim Türken) • 3 EL Sojasauce • 1 TL Sambal oelek (auch im Orientshop erhältlich) • 200 g geröstete Erdnusskerne • 3 EL Öl (was gerade da ist) • 1 Dose Kokosmilch (400 ml) • 2 EL Zitronensaft • 1 EL Zucker

Zeit: 30 Minuten + 1 Stunde Durchziehen • Kalorien pro Portion: 595

1 Das Fleisch entweder in ganz dünne Scheiben schneiden und ziehharmonikartig auf vier Holzspieße stecken. Oder in kleine Würfel schneiden und aufspießen. Spieße in eine flache Form legen. Den Ingwer und Knoblauch schälen, durch die Presse drücken. Mit Koriander und Kreuzkümmel, 2 EL Sojasauce und 1 Messerspitze Sambal oelek verrühren, über das Fleisch träufeln. 1 Stunde ziehen lassen, dabei ein- bis zweimal wenden.

2 Nüsse im Mixer fein zerkleinern. 1 EL Öl im Topf warm machen, Nüsse drin anrösten. Kokosmilch angießen, übrige Sojasauce, Zitronensaft, Zucker und restliches Sambal auch. Sauce ungefähr 10 Minuten köcheln lassen.

3 Inzwischen größte Pfanne aus dem Schrank holen, übriges Öl darin heiß machen und die Spieße bei mittlerer Hitze rundherum 3–5 Minuten braten. Mit der Sauce essen – und mit Reis.

Aufgespießtes Gemüse
Mariniert und gegrillt

FÜR ZWEI: 1 Zucchino • 1 kleine rote Paprikaschote • 1 Maiskolben • 100 g Champignons oder Egerlinge • 100 g kleine rote Zwiebeln • 1–2 Zweige frischer Lorbeer • 2 getrocknete Peperoni • einige Zweige Thymian • 2 EL Zitronensaft • 1 TL Honig • 4 EL Olivenöl • Salz • Pfeffer aus der Mühle

Zeit: 40 Minuten + 2 Stunden Durchziehen • Kalorien pro Portion: 565

1 Zucchino, Paprika und Mais waschen. Von dem Zucchino die Enden abschneiden, Rest in knapp 1 cm dicke Scheiben schneiden. Paprika putzen und in 2–3 cm große Stücke schneiden. Den Mais in 1 cm breite Scheiben schneiden. Die Pilze trocken abreiben, ganz lassen. Die Zwiebeln schälen und auch ganz lassen. Das Gemüse mit den Lorbeerblättern abwechselnd auf vier Holzspieße stecken.

2 Die Peperoni fein zerkrümeln (Mörser nehmen!), die Thymianblättchen von den Zweigen streifen. Beides mit Zitronensaft, Honig, Öl, etwas Salz und Pfeffer verrühren. Die Gemüsespieße in eine flache Form legen und die Marinade drübergießen. Mindestens 2 Stunden marinieren, dabei immer mal wieder umdrehen.

3 Backofengrill vorheizen oder eine Pfanne auf dem Herd heiß werden lassen. Die Gemüsespieße unter dem Grill 15–20 Minuten grillen oder in der Pfanne ungefähr 10 Minuten braten. Wenden nicht vergessen!

gar nicht

spießig

Sellerie mit grünem Pfeffer

Überzeugt nicht nur eingefleischte Vegetarier

FÜR ZWEI:
1 Schalotte oder kleine rote Zwiebel
2–3 TL grüne Pfefferkörner (frische oder eingelegte)
1/2 Bund Petersilie
50 g weiche Butter
1 Messerspitze Harissa oder Ajvar (gibt's im Orientshop oder beim Türken)
1 TL Tomatenmark
Salz
1/2 Sellerieknolle (knapp 500 g schwer)
1 EL Zitronensaft
2 EL Öl (was gerade da ist)

Zeit: 30 Minuten
Kalorien pro Portion: 360

1 Schalotte oder Zwiebel schälen und ganz fein schneiden. Die Pfefferkörner entweder waschen (frische!) oder abtropfen lassen (das gilt für die eingelegten) und auch ganz fein schneiden. Die Petersilie abbrausen, trocken-schütteln und fein hacken. Alles Vorbereitete mit der Butter verkneten, Harissa oder Ajvar und Tomatenmark und zum Schluss 1 Prise Salz kommen auch dazu. Kühl stellen.

2 Die Sellerieknolle gründlich schälen und in etwa 1 cm breite Scheiben schneiden. Mit dem Zitronensaft be-träufeln und salzen, kurz ziehen lassen.

3 In einer großen Pfanne das Öl warm werden lassen. Die Selleriescheiben reinlegen und bei mittlerer Hitze pro Seite 7–8 Minuten braten. Mit dem Messer reinstechen. Wenn das geht, wie bei weicher Butter, darf der Sellerie raus auf die Teller. Mit jeweils etwas Pfefferbutter krönen. Kartoffeln als Beilage und ein Tomatensalat machen das Essen perfekt.

AUCH NICHT SCHLECHT: 1/2 Bund Dill oder Basilikum fein schneiden. 1 Tomate ganz fein würfeln (ohne Kerne). 1 TL frische oder eingelegte Pfefferkörner fein hacken. Alles mit 80 g weicher Butter und 1/2 TL abgeriebener unbehandelter Zitronenschale verkneten, leicht salzen. Top zu gebratenem oder pochiertem Fisch. Zu Gemüse und Fleisch aber auch super.

Gnocchi con crauti
Sind ganz schnell fertig

FÜR VIER ODER DREI: 1/2 kleiner Weißkohl (etwa 350 g) • 1 kleine Zwiebel • 1 EL Butter oder Olivenöl • 1/8 l Gemüsebrühe • Salz • 500 g Gnocchi (aus der Kühltheke) • 100 g süße Sahne • 1 EL geriebener Meerrettich (frisch oder fertig gekauft) • Pfeffer aus der Mühle • 1 Bund Schnittlauch

Zeit: 20 Minuten • Kalorien pro Portion: 215 (BEI VIEREN)

1 Vom Kohl die äußeren welken Blätter ablösen, den Strunk keilförmig rausschneiden. Den Kohl in Streifen schneiden. Zwiebel schälen und ganz fein schneiden. Eine Pfanne (mit passendem Deckel!) auf den Herd stellen, Butter oder Öl darin warm machen. Zwiebel reinrühren und anbraten. Kohlstreifen dazu, auch kurz braten. Die Brühe dazuschütten, Hitze auf mittlere Stufe schalten, Deckel drauf und den Kohl etwa 10 Minuten garen.

2 In der Zeit schon mal für die Gnocchi reichlich Salzwasser zum Kochen bringen. Auf der Gnocchi-Packung nachschauen, wie sie gegart werden sollen, und das auch so machen.

3 Sahne und Meerrettich zum Kohl rühren, mit Salz und Pfeffer abschmecken. Schnittlauch abbrausen, trockenschütteln und in Röllchen schneiden. Die Gnocchi abtropfen lassen, mit dem Kohl und dem Schnittlauch mischen und in Teller füllen. Was passt dazu? Gemischter Blattsalat.

Kartoffel-Möhren-Puffer
Knuspriges aus der Pfanne

FÜR ZWEI: 1 eingelegte grüne Peperoni • 1 Bund Basilikum • 250 g Quark (Fettstufe ist egal) • 2–3 EL süße Sahne oder Milch • 1 TL Tomatenmark • 1 TL scharfes Paprikapulver • Salz • Pfeffer aus der Mühle • 350 g mehlig kochende Kartoffeln • 1 kleine Möhre • 2 EL Butterschmalz

Zeit: 25 Minuten • Kalorien pro Protion: 475

1 Die Peperoni klein schneiden. Basilikum abbrausen, trockenschütteln und die Blättchen in Streifen schneiden. Quark und Sahne oder Milch mit dem Tomatenmark anrühren. Peperoni, Basilikum und Paprikapulver druntermischen. Jetzt muss nur noch Salz und Pfeffer an den Quark, dann kann er auf die heißen Puffer warten.

2 Und die gehen so: Kartoffeln und Möhre schälen und auf der Küchenreibe fein reiben – in eine Schüssel. Wenn sich darin jetzt Flüssigkeit absetzt, wird die abgegossen. Die Kartoffel-Möhren-Mischung salzen und pfeffern.

3 Die größte Pfanne auf den Herd stellen. Butterschmalz reingeben und zerlaufen lassen. Kartoffelmasse in kleinen Häufchen in die Pfanne setzen und etwas abflachen. Bei mittlerer Hitze 2–3 Minuten braten, umdrehen und nochmal so lang braten. Sie sollen schön knusprig werden. Die erste Pfannenfüllung gleich mit Quark essen (gebratene Puffer mögen nicht warten), dann erst die restlichen Puffer braten.

moderne

Klassiker

Hühnerbrust mit Mango-Chili-Gemüse

Fruchtig-frisch und ganz schön exotisch

FÜR VIER:
1 unbehandelte Zitrone
2 TL mittelscharfer Senf (oder vielleicht auch mal extra scharfer)
4 EL Olivenöl
4 Hähnchenbrustfilets (ohne Haut)
2 vollreife Mangos
2 rote Chilischoten
2 Bund Frühlingszwiebeln
Salz

Zeit: 25 Minuten
Kalorien pro Portion: 380

1 Die Zitrone heiß waschen und die Schale fein abreiben, den Saft auspressen. Die Zitronenschale mit dem Senf und 1 EL Öl verrühren und die Hähnchenbrustfilets damit bestreichen.

2 Die Mangos schälen. Das Fruchtfleisch in Schnitzen bis zum Stein abschneiden und in kleine Würfel schneiden. Die Chilis waschen, den Stielansatz abschneiden. Die Schote ganz fein schneiden – die, die's ganz scharf mögen, machen das mit Kernen, die anderen ohne. Die Frühlingszwiebeln waschen, putzen und das dunkle Grün weg-schneiden, den Rest ganz fein schneiden.

3 In einer Pfanne 2 EL Öl warm werden lassen. Die Hähnchenfilets salzen und reinlegen. Bei mittlerer Hitze pro Seite ungefähr 5 Minuten braten. Gleichzeitig restliches Öl in einem Topf warm machen, Frühlinszwiebeln und Chili darin andünsten. Die Mangowürfel dazugeben, mit dem Zitronensaft mischen und leicht salzen. Zugedeckt bei ganz schwacher Hitze ungefähr 5 Minuten dünsten.

4 Jetzt das Huhn auf die Probe stellen: Mit einer Nadel oder einem Zahnstocher in die dickste Stelle stechen. Kommt roter Saft raus, ist die Brust innen noch nicht gar und muss noch etwas in der Pfanne bleiben. Ist der Saft aber durchsichtig, kann sie gleich auf den Teller. Mango dazu und ein bisschen Reis. Schmecken lassen!

AUCH NICHT SCHLECHT: Statt Mango munden auch Pfirsich- oder Melonenwürfel. Oder pikante Trauben zu dem Hähnchen reichen: 2 kleine Zwiebeln und 2 Knoblauchzehen ganz fein schneiden, in 2 EL Öl andünsten. Einige Rosmarinnadeln und 2 getrocknete, zerkrümelte Chilischoten dazu und 400 g Trauben (hell oder dunkel, das spielt keine Rolle). Mit 100 ml Weißwein oder Brühe aufgießen, leicht salzen und 3 Minuten dünsten.

Das hat Zeit

Heute mal ganz viel Zeit und keine Lust auf Stress? Da lad ich mir doch einen ein oder auch zwei oder auch drei und koch was Gutes aus dem Topf oder Ofen. Weil ich da eben alles fertig machen kann und dann nur noch vollkommen entspannt auf dem Sofa warten muss, bis es klingelt – die Küchenuhr und die Wohnungstür.

Das geht nicht? Doch! Feurige Gulaschsuppe, Chilifisch aus dem Ofen oder orientalisches Kartoffel-Auberginen-Curry machen's zum Beispiel möglich.

Scharfe Folienkartoffeln

FÜR ZWEI: 3–4 getrocknete Chilischoten zerkrümeln (der Mörser ist hier der ideale Helfer). 4 Knoblauchzehen schälen und durch die Presse drücken. Mit 1 TL gehacktem Rosmarin oder Thymian, 4 EL Olivenöl und etwas Salz verrühren.

4 schön große Kartoffeln (jede sollte ungefähr 200 g schwer und von der mehligen Sorte sein) gründlich bürsten und waschen. Mit dem scharfen Öl einpinseln und in Alufolie einpacken. Im 220 °C heißen Ofen backen, bis sie weich sind. Das dauert so etwa 50 Minuten.

Raus aus dem Ofen und auswickeln. Gurkenjogurt, gebratene Lammkoteletts oder Kräuterquark dürfen auch mit auf den Teller.

Blechkartoffeln mit Senfjogurt

FÜR ZWEI: Etwa 600 g junge Kartoffeln (bei denen die Schale noch fein ist) gründlich bürsten und waschen. Längs durchschneiden und mit der Schnittfläche nach unten auf ein geöltes Backblech legen. Im 180 °C heißen Ofen ungefähr 50 Minuten backen.

Inzwischen 1 Becher Naturjogurt (150 g) mit 2–3 TL mittelscharfem Senf und 1 EL Schnittlauchröllchen mischen, salzen.

Kartoffeln auf Teller häufen einen großen Klecks Senfjogurt darauf. Los geht's!

AUCH NICHT SCHLECHT: ältere Kartoffeln. Die müssen vor dem Backen nur geschält werden.

Pommes Rot-Weiß

FÜR ZWEI: 500 g TK-Pommes kaufen. Einen Blick auf die Packung werfen und nachlesen, wie's geht. Zubereiten.

1 Dose Tomaten (400 g) abtropfen lassen (Saft für was anderes verwenden) und mit 2 TL Honig, 2 TL Aceto balsamico und 1 EL Olivenöl mit dem Pürierstab fein zerkleinern. Mit ganz wenig Tabasco oder Sambal oelek und Salz abschmecken.

2 EL Mayo mit 1–2 TL extra scharfem Senf (es darf auch mittelscharfer sein) und 1 Messerspitze abgeriebener Zitronenschale mischen.

Pommes ins Papierschälchen (dann ist es stilecht), rote und weiße Sauce dazu. Fertig.

Kartoffeln – superbequem aus dem Ofen

gute
50
Minuten

Feurige Gulaschsuppe

Kocht sich fast von selbst

FÜR VIER ODER SECHS:
400 g saftiges Rindfleisch zum Schmoren (z. B. Schulter oder Bug)
2 Zwiebeln
1–2 Knoblauchzehen
2 EL Öl (geschmacklich nicht zu intensiv)
etwa 1 l kräftige Fleischbrühe
1/8 l trockener Rotwein oder noch mehr Brühe
1 rote Paprikaschote
2–3 Kartoffeln (Sorte ist egal)
Salz
3 TL scharfes Paprikapulver
200 g Sauerrahm

Zeit: 20 Minuten + 1 1/2 Stunden Schmoren
Kalorien pro Portion: 360 (BEI VIEREN)

1 Das Fleisch in gut 1/2 cm große Würfel schneiden. Die Zwiebeln und den Knoblauch schälen und ganz fein schneiden. (Der Knoblauch kann auch durch die Presse gedrückt werden.)

2 Einen mittelgroßen Topf raussuchen, einen Schmortopf aus Gusseisen bevorzugen. Das Öl reinschütten und schön heiß werden lassen. Die Hälfte der Fleischwürfel in den Topf geben und unter Rühren von allen Seiten anbraten. Rausholen und das übrige Fleisch anbraten, auch rausholen. Jetzt die Zwiebeln und den Knoblauch kurz braten. Fleisch wieder dazu, Brühe und Rotwein (oder noch mehr Brühe) auch. Die Hitze auf knapp mittlere Stufe runterfahren, Deckel auf den Topf, das Fleisch 45 Minuten sanft schmoren lassen.

3 Paprikaschote putzen und waschen, die Kartoffeln schälen, beides würfeln und unter die Suppe mischen. Mit Salz und Paprikapulver würzen. Den Deckel wieder drauflegen und die Suppe nochmal 45 Minuten schmoren. Probieren und nach Gusto nachwürzen. Die Sahne cremig rühren und extra dazu servieren.

AUCH NICHT SCHLECHT: Aus der Gulaschsuppe wird ein deftiges Gulasch für 2–3 Leute, wenn man das Fleisch in größere Würfel schneidet – etwa 2 cm Kantenlänge sollten es sein – und nur 100 ml Wein oder Brühe zum Schmoren nimmt. Kartoffeln weglassen.

Tabasco-Hähnchenkeulen
Geht rucki, zucki

FÜR VIER: 4 Knoblauchzehen • 4 EL Olivenöl • 1 EL Zitronensaft • 1 EL Honig oder Ahornsirup • 2 TL Tomatenmark • Salz • Tabasco nach Geschmack • 4 große Hähnchenkeulen (jede etwa 220 g schwer)

Zeit: 10 Minuten + 30 Minuten Grillen • Kalorien pro Portion: 525

1 Die Knoblauchzehen schälen und durch die Presse in eine kleine Schüssel drücken. Olivenöl, Zitronensaft, Honig oder Ahornsirup und das Tomatenmark dazulöffeln und gründlich vermischen. Die Marinade mit Salz und Tabasco (tropfenweise dazugeben, dann kann die Schärfe besser dosiert werden) abschmecken.

2 Den Backofengrill anstellen. Die Hähnchenkeulen dick mit der Marinade bepinseln (aber unbedingt noch etwas in der Schüssel drinlassen). Die Hähnchenkeulen aufs gefettete Blech legen, in den Ofen (Mitte!) schieben und rund 30 Minuten grillen, dabei mehrmals wenden und immer wieder mit Marinade bepinseln.

3 Bevor die Keulen auf den Teller kommen, testen, ob sie auch wirklich gar sind. Und das geht so: Mit einer Nadel oder einem Zahnstocher in die dickste Stelle stechen. Tritt klarer Fleischsaft aus, gibt's grünes Licht. Ist er noch rötlich, müssen die Schenkel noch ein paar Minuten im Ofen bleiben.

Scharfes Brathähnchen
Macht fast keine Arbeit

FÜR VIER: 1 Hähnchen (etwa 1 1/2 kg schwer) • Salz • Pfeffer aus der Mühle • 2 EL Olivenöl • 1 1/2 EL Orangenmarmelade, Quittengelee oder Apfelgelee • 1 1/2 EL Orangensaft • 1 1/2 EL extra scharfer Senf (mittelscharfer geht aber auch) • 1/2–1 TL Sambal oelek

Zeit: 10 Minuten + gut 1 Stunde Braten • Kalorien pro Portion: 515

1 Den Backofen auf 225 °C vorheizen. Das Hähnchen mit etwas Salz und Pfeffer einreiben, zum Schluss mit dem Öl bepinseln. Das Geflügel in eine hitzebeständige Form legen, aber nicht einfach so, sondern auf die Seite, also auf eine Keule. Form in den Ofen (Mitte!) schieben und das Hähnchen ungefähr 20 Minuten braten. Dann auf die andere Seite bzw. Keule drehen und nochmal 20 Minuten braten. Das Huhn erneut wenden: jetzt Brust oben, Hinterteil unten. Marmelade oder Gelee mit O-Saft, Senf und Sambal zu einer Paste verrühren und das Huhn damit einpinseln. Nochmal 25 Minuten braten, dabei immer wieder mit der Paste einpinseln.

2 Nun ist der Gartest angesagt. Obwohl der schon oben steht, hier nochmal nur zur Ergänzung: ebenfalls in die dickste Schenkelstelle stechen. Bei rötlich austretendem Saft etwa 5–10 Minuten weiterbraten und danach an einer anderen Stelle nochmal einstechen. Dazu gibt's Salat und Brot oder Pommes.

süß und auch

scharf

Lamm-Spinat-Topf
Statt Gulaschsuppe um Mitternacht

FÜR VIER:
600 g Lammfleisch (Schulter oder Keule wäre nicht schlecht)
1 Zwiebel
2–3 grüne Chilischoten
3 EL Butterschmalz
Salz
1 TL Kreuzkümmelpulver (gibt's im Orientshop oder beim Türken)
1/2 TL Zimtpulver
1 Päckchen Safranpulver
1/4 l kräftige Fleischbrühe
1 Dose Kichererbsen (240 g)
1 Packung gehackter TK-Blattspinat (450 g)
300 g Naturjogurt

Zeit: 30 Minuten + 1 1/4 Stunden Schmoren
Kalorien pro Portion: 690

1 Das Fleisch in 2 cm große Würfel schneiden, dabei Fett und Sehnen wegschneiden. Die Zwiebel schälen und ganz fein schneiden. Die Chilischoten waschen und den Stielansatz abschneiden, die Schoten in dünne Ringe schneiden. (Wer nicht ganz so scharf essen will, löst vorher lieber die Kerne raus.)

2 Einen eher größeren Topf auf den Herd stellen, heiß machen und das Butterschmalz drin zerlaufen lassen. Ein Drittel vom Fleisch reinwerfen und rundum gut anbraten. Ein großes Sieb über eine passende Schüssel hängen und das gebratene Fleisch ins Sieb geben. Wieder ein Drittel Fleisch in den Topf, anbraten und ab ins Sieb. Mit dem restlichen Drittel das Gleiche machen.

3 Wenn alles Fleisch im Sieb liegt, kommen Zwiebel und Chili in den Topf, auch kurz anbraten. Dann das Fleisch wieder in den Topf geben, mit den Gewürzen bestreuen und nochmals kurz durchbraten. Fleischbrühe und den Fleischsaft, der sich in der Schüssel angesammelt hat, dazuschütten. Die Hitze auf schwache Stufe schalten, Deckel auf den Topf und alles 1 Stunde so richtig gut durchschmoren lassen.

4 Die Kichererbsen in ein Sieb schütten und abtropfen lassen. Nach der Stunde Garzeit Erbsen und Spinat in den Topf kippen und untermischen, weitere 15 Minuten sanft köcheln lassen. Jetzt fehlt nur noch der Jogurt. Rein damit, kräftig drunterrühren. Einen Löffel Eintopf probieren und – wenn wirklich nötig – noch nachwürzen. Dann mit ofenfrischem Baguette genießen.

Fisch mit Senfkruste
Ist ganz einfach und schnell fertig

FÜR ZWEI: 1 Fleischtomate • 1 mehlig kochende Kartoffel (ungefähr 200 g schwer) • 1 unbehandelte Zitrone • 1 Bund glatte Petersilie • 2 Fischfilets (z. B. Kabeljau oder Rotbarsch, jedes ungefähr 180 g schwer) • Salz • Pfeffer aus der Mühle • 1 1/2 EL mittelscharfer Senf • 2 EL Semmelbrösel • 1 Ei • 1 EL Butter

Zeit: 20 Minuten + 30 Minuten Backen • Kalorien pro Portion: 335

1 Zuerst gleich mal den Backofen auf 180 °C vorheizen. Nun die Tomate waschen, Stielansatz in schrägem Rundumschnitt rausholen und die Tomate in dünne Scheiben schneiden. Kartoffel schälen und auf der Küchenreibe ganz fein reiben. Die Zitrone heiß waschen und die Schale abreiben, dann die Zitrone halbieren und eine Hälfte auspressen. Petersilie abbrausen, trockenschütteln und die Blättchen ganz fein schneiden.

2 Die Fischfilets auf beiden Seiten mit Salz und Pfeffer würzen. Die Tomate in eine hitzebeständige Form legen, den Fisch drauf, den Zitronensaft drüber. Die Kartoffel mit Zitronenschale, Senf, Petersilie, Semmelbröseln und dem Ei vermischen, salzen und pfeffern. Auf den Fischfilets verteilen.

3 Die Butter in ganz kleine Stücke schnippeln, auf den Fisch legen und ab in den Ofen (Mitte!) damit. Ungefähr 30 Minuten backen, bis die Senfkruste goldbraun und knusprig ist. Ein Gedicht dazu: Salat oder Spinatgemüse.

Chilifisch aus dem Ofen
Macht was her, aber kaum Arbeit

FÜR VIER: 2 Paprikaschoten (Farbe total egal) • 2 grüne Chilischoten • 2 Knoblauchzehen • 2 Zwiebeln • 2 EL Olivenöl • 1 Dose Tomaten (400 g) • 1 EL Tomatenmark • Salz • Pfeffer aus der Mühle • 1 TL Kreuzkümmelpulver (gibt's im Orientshop oder beim Türken) • 1 TL scharfes Paprikapulver • 4 Fischfilets oder -steaks (Lachs, Heilbutt, Rotbarsch oder Tunfisch sind gut) • 1–2 EL grüne Oliven ohne Stein

Zeit: 30 Minuten + 30 Minuten Backen • Kalorien pro Portion: 220

1 Backofen auf 180 °C vorheizen. Die Paprikaschoten putzen, waschen und klein würfeln. Die Chilis waschen, Stielansatz abschneiden und die Schoten samt Kernen (das macht so richtig scharf!) in feine Ringe schneiden. Knoblauch und Zwiebeln schälen und ganz fein schneiden. Öl in einer Pfanne warm werden lassen, Vorbereitetes reinrühren und etwa 2 Minuten braten. Die Tomaten in der Dose klein schneiden, dazuschütten, noch 5 Minuten köcheln lassen. Tomatenmark dranrühren, die Sauce mit Salz, Pfeffer, Kreuzkümmel und Paprika würzen.

2 Den Fisch salzen und pfeffern und in eine hitzebeständige Form legen. Die Sauce darüber verteilen. Oliven in Scheiben schneiden und drauflegen. Im Ofen (Mitte!) ungefähr 30 Minuten backen. In der Form auf den Tisch stellen. Dazu gibt's Fladenbrot und Gurkensalat.

ganz easy

gelingt jedem

Lasagne mit ganz viel Gemüse

Da kann man sich reinsetzen!

FÜR VIER ODER SECHS:
1 rote Paprikaschote
2 Möhren, 2 Stangen Sellerie
1 Stange Lauch
200 g Champignons
2 Knoblauchzehen
2 rote Chilischoten
2 EL Olivenöl
1 Dose Tomaten (800 g), Salz
je 2 EL Butter und Mehl
3/4 l heiße Milch
Pfeffer aus der Mühle
frisch geriebene Muskatnuss
2 Kugeln Mozzarella (zusammen 250 g schwer)
100 g fester Ricotta oder Schafskäse
250 g Lasagne-Nudelblätter (solche, die nicht vorgekocht werden müssen, Farbe nach Wunsch)

Zeit: 45 Minuten + 40 Minuten Backen
Kalorien pro Portion: 700 (BEI VIEREN)

1 Paprikaschote, Möhren, Sellerie und Lauch waschen und putzen bzw. schälen. Die Champignons nur trocken abreiben. Alles Gemüse in ganz kleine Würfel schneiden. Den Knoblauch schälen und durch die Presse drücken. Chilis waschen, entstielen und mit oder ohne Kerne (die machen alles noch schärfer) fein würfeln.

2 Öl in einer großen Pfanne warm werden lassen. Knoblauch und Chili kurz anbraten, Gemüsewürfel dranrühren und auch gut durchbraten. Tomaten in der Dose klein schneiden und dazuschütten. Ragout bei mittlerer Hitze 20–30 Minuten köcheln lassen, bis es leicht sämig wird. Salzen.

3 In der Zeit schon mal die Béchamelsauce kochen. Butter im Topf schmelzen, das Mehl drüberstäuben und goldgelb werden lassen, dabei immer rühren – mit dem Schneebesen. Jetzt langsam die Milch dazuschütten und auch hier das Rühren nicht vergessen (wichtig!). Wenn alle Milch im Topf ist: Hitze auf niedrigste Stufe runterdrehen und die Sauce etwa 10 Minuten köcheln lassen. Mit Salz, Pfeffer und Muskat würzen.

4 Backofen auf 200 °C vorheizen. Mozzarella würfeln, Ricotta oder Schafskäse klein zerkrümeln. Eine große, eckige Auflaufform aus dem Schrank holen und etwas Béchamel, eine Schicht Nudelblätter, einiges vom Ragout und darüber etwas vom Käse einschichten. In dieser Reihenfolge weiterschichten, bis alles verbraucht ist. Die Lasagne in den Ofen (Mitte!) schieben und ungefähr 40 Minuten lang backen.

Zucchini mit Couscous
Schmecken heiß, lauwarm und auch kalt

FÜR VIER: 80 g Couscous-Grieß (gibt's im Orientshop oder beim Türken) • 1 EL Zitronensaft • 2 EL Olivenöl • 4 mittelgroße Zucchini • Salz • 1 Bund Frühlingszwiebeln • 2 Knoblauchzehen • 1 großes Bund glatte Petersilie • 1 Packung gewürfelte Tomaten (500 g) • 1 EL grüne Oliven ohne Stein, streifig geschnitten • 1 Ei • 50 g geriebener Parmesan • 3–4 TL Harissa (gibt's auch im Orientshop oder beim Türken) • 1 EL Pinienkerne

Zeit: 35 Minuten + etwa 40 Minuten Backen • Kalorien pro Portion: 260

1 Den Couscous-Grieß mit Zitronensaft, 1 EL Öl und 1/8 l Wasser mischen und 30 Minuten quellen lassen. Inzwischen Zucchini waschen, putzen und längs halbieren. Das Fruchtfleisch rausschaben (geht ganz leicht mit dem Löffel), einen 1 cm breiten Rand aber stehen lassen. Die Hälften salzen, das Zucchinifleisch fein würfeln. Frühlingszwiebeln waschen, putzen und die dunkelgrünen Teile abschneiden. Den Rest fein schneiden und den Knoblauch auch, aber vorher schälen. Petersilie abbrausen und trockenschütteln, die Blättchen fein hacken.

2 Backofen auf 180 °C vorheizen. Die Hälfte der Tomaten mit Zucchiniwürfeln mischen, salzen und in eine hitzebeständige Form füllen. Oliven, übrige Tomaten, Zwiebeln, Knoblauch, Petersilie und Couscous mischen. Ei und Parmesan drunterrühren. Mit Salz und Harissa würzen, in die ausgehöhlten Zucchini füllen. In die Form setzen. Pinienkerne und restliches Öl drüber. In den Ofen (Mitte!) schieben – für etwa 40 Minuten.

Tomaten mit scharfer Brotfüllung
Machen satt, sind aber auch als Vorspeise gut

FÜP VIER: 8 mittelgroße Tomaten • Salz • 100 g altbackenes Weißbrot • 1 Kugel Mozzarella (125 g) • 1 kleines Bund glatte Petersilie • 2 eingelegte grüne Peperoni • 1 EL schwarze Oliven ohne Stein • 1 EL Kapern • 1 EL Pinienkerne • 1 mittelgroßer Zucchino • 2 EL Olivenöl

Zeit: 20 Minuten + etwa 30 Minuten Backen • Kalorien pro Portion: 245

1 Tomaten waschen und einen kleinen Deckel abschneiden (an der Seite, wo der Stiel war). Das Innere der Tomaten mit einem Löffel rausholen und mit den Deckeln klein schneiden. Die ganzen Tomaten innen salzen.

2 Brot und Mozzarella ganz klein würfeln. Die Petersilie abbrausen, trockenschütteln und die Blättchen fein schneiden, ebenso die Peperoni und die Oliven. Mit den Kapern und den Pinienkernen und die Hälfte vom geschnittenen Tomatenfleisch mischen und salzen. In die Tomaten füllen.

3 Den Backofen auf 180 °C vorheizen. Zucchino waschen, putzen und der Länge nach mit dem Gurkenhobel in feine Scheiben schneiden. Eine hitzebeständige Form damit auslegen, salzen und mit den übrigen geschnittenen Tomaten bestreuen. Die gefüllten Tomaten draufsetzen. Das Öl drübertröpfeln. In den Ofen (Mitte!) schieben und ungefähr 30 Minuten drin lassen.

Gemüse mit

Innenleben

Gemüsequiche – hot, hot, hot

Kann man super vorbereiten

FÜR VIER ODER SECHS:
250 g Mehl + ein bisschen mehr
125 g Butter, frisch aus dem Kühlschrank
Salz
500 g Möhren oder Kohlrabi oder Lauch oder Mangold
150 g rote Zwiebeln
2 rote oder grüne Chilischoten
100 g geriebener Käse (Bergkäse, Emmentaler oder Gouda oder so)
200 g Sauerrahm
3 Eier
1 EL Tomatenmark

Zeit: 35 Minuten + 1 Stunde Kühlen + 40 Minuten Backen
Kalorien pro Portion: 720 (BEI VIEREN)

1 Das Mehl in eine Schüssel schütten. Die Butter in kleine Würfel schneiden und mit 1/2 TL Salz und ungefähr 4 EL kaltem Wasser unters Mehl kneten, so lange, bis der Teig glatt ist. Den Teig zur Kugel formen, leicht flach drücken und kreisrund und dünn ausrollen (mit ein bisschen Mehl auf der Arbeitsfläche, dann bleibt der der Teig nicht kleben). Den Teig in eine Springform (26–30 cm Ø) legen und mit den Fingern in die Form drücken. Sollte etwas Rand fehlen, nachhelfen (3 cm hoch muss er schon sein). Form 1 Stunde in den Kühlschrank stellen.

2 Inzwischen die Möhren oder den Kohlrabi schälen und auf der Küchenreibe fein reiben. Oder den Lauch putzen, längs einschneiden, gründlich waschen und in feine Ringe schneiden. Oder den Mangold waschen und Stiele und Blätter klein schneiden. Das Gemüse – Sorte egal – in wenig Salzwasser 2 Minuten vorkochen, abschrecken.

3 Die Zwiebeln schälen und ganz fein schneiden. Die Chilischoten waschen, Stiele abschneiden, die Schoten halbieren, Kerne rausholen. Die Schoten ganz fein würfeln. Zwiebeln und Chilis mit vorgegartem Gemüse mischen. Mit Salz abschmecken.

4 Den Backofen auf 200 °C vorheizen. Käse und Sauerrahm mit den Eiern und dem Tomatenmark mischen, salzen. Das Gemüse auf dem Teigboden verteilen, die Eiersahne drübergießen. Die Quiche in den Ofen (Mitte!) schieben und ungefähr 40 Minuten warten, bis sie schön braun wieder raus darf. Stop! Finger weg! Noch nicht essen, erst noch mindestens 10 Minuten stehen lassen, bevor man sie aus der Form holt.

Kartoffel-Auberginen-Curry
Orientalisch und schön würzig

FÜR ZWEI: 1 Aubergine (etwa 250 g) • 300 g fest kochende Kartoffeln • 1 haselnussgroßes Stück frischer Ingwer • 1 Chilischote • 1 Zwiebel • 4 EL Öl • 1/2 TL braune Senfkörner • 1 TL Kurkumapulver* • je 1/2 TL Koriander-pulver* und mildes Paprikapulver • Salz • 100 g Naturjogurt • 2 TL Zitronensaft • einige Korianderblätter

Zeit: 15 Minuten + 30 Minuten Schmoren • Kalorien pro Portion: 395

1 Die Aubergine waschen, putzen und in 1 cm große Würfel schneiden. Die Kartoffeln schälen und auch in Würfel schneiden, aber ein bisschen kleiner. Den Ingwer schälen und ganz fein hacken. Die Chilischote waschen, den Stielansatz abschneiden, die Schote in feine Ringe schneiden. Die Zwiebel schälen und in Streifen schneiden.

2 In einer Pfanne 3 EL Öl warm werden lassen. Senfkörner rein, Deckel drauf und 1 Minute warten (Vorsicht: Körner springen!). Dann Auberginen dazugeben, anbraten. Restliches Öl, Kartoffeln, Zwiebel, Ingwer und Chili auch dazu und noch kurz anbraten. Übrige Gewürze untermischen, salzen. 200 ml Wasser und Jogurt dranrühren. Hitze auf knapp mittlere Stufe stellen, Deckel wieder drauf und das Curry ungefähr 30 Minuten schmoren lassen. Zwischendurch immer mal wieder nach dem Rechten sehen: eventuell Wasser nachgießen, umrühren. Zum Schluss mit Zitronensaft verfeinern. Kräuterblättchen darüber streuen, auf den Tisch stellen. Dazu gibt's Reis.

(*) Gibt es beides im Orientshop oder beim Türken.

Rindfleischcurry mit Zwiebeln
Macht so gut wie keine Arbeit

FÜR VIER: 600 g feinstes Rindfleisch zum Schmoren (beim Lieblingsmetzger nach geeigneten Fleischstücken fragen) • 1 Dose Kokosmilch (400 ml) • 2–3 EL rote, grüne oder gelbe Currypaste (fertig gekauft, aus dem Asienladen) • 4 EL brauner Zucker • 4 EL trockener Sherry oder Reiswein (gibt's ebenfalls im Asienladen) • 2 EL Limettensaft (Zitronensaft tut es aber ebenso) • 60 g geröstete, gesalzene Erdnüsse • 4 Zwiebeln • einige Spritzer helle Sojasauce (auch hier den Asienladen konsultieren)

Zeit: 10 Minuten + 1 Stunde 10 Minuten Schmoren • Kalorien pro Portion: 350

1 Vom Fleisch alle Sehnen und dickere Fettstücke abschneiden. Das Fleisch in 2 cm große Würfel schneiden. Von der Kokosmilch das Dicke abschöpfen (so etwa 5 EL sollten es unbedingt sein), in einen großen Topf geben, auf-kochen lassen. Currypaste unterrühren, 1 Minute kochen lassen.

2 Fleisch mit übriger Kokosmilch, Zucker, Sherry oder Reiswein, Limettensaft und Erdnüssen untermischen. Etwa 1/8 l heißes Wasser angießen, aufkochen. Die Hitze zurückschalten (schwache bis mittlere Stufe) und den Deckel halb auf den Topf legen. Das Curry ungefähr 50 Minuten schmoren lassen. Dann Zwiebeln schälen, in 2 cm breite Streifen schneiden, dazugeben, 20 Minuten weiterschmoren. Mit Sojasauce würzen. Optimale Ergänzung: Reis.

schmeckt auch

aufgewärmt

Für viele

Die besten Freunde rufen an und möchten gerne vorbeikommen. Aber nicht allein, da wären noch zwei oder drei andere und die wollen auch mit!

Brot und Käse wie beim letzten Mal? Nee, nicht schon wieder! Aber einfach soll's trotzdem sein, nicht zu viel Zeit brauchen und auch kein Loch ins Budget sprengen. Die Lösung ist simpel: Reichlich Salat mit scharfen Käsebroten, einen großen Topf Kartoffel-Meerrettich-Suppe oder türkische Spaghetti mit Jogurt – und alle sind happy!

Scharfe Gemüsesuppe

FÜR SECHS: 1 Zwiebel schälen, fein hacken und in 2 EL Öl (das Lieblingsöl nehmen oder das, was gerade da ist) anbraten. 2 Packungen TK-Mischgemüse (zusammen 900 g) unaufgetaut dazuschütten, 2 l kräftige Gemüsebrühe dazugießen, aufkochen.

1 Bund gemischte Kräuter abbrausen, gut trockenschütteln und die Blättchen fein hacken. Mit 100 g Crème fraîche unter die Suppe rühren. Mit Salz und 1–2 TL Sambal oelek oder Harissa (gibt's beides im Orientshop oder beim Türken) abschmecken.

4 Scheiben Weißbrot in Würfel schneiden und in 2 EL zerlassener Butter goldgelb braten. Suppe auf vorgewärmte Teller verteilen, Brotwürfel draufstreuen.

Chili con carne

FÜR ACHT: 3 Zwiebeln und 3 Knoblauchzehen schälen, sehr fein hacken und in 2 EL Öl (sehr gut passt Olivenöl, es darf aber auch ein anderes sein) anbraten. Nochmal 2 EL von dem Öl dazugeben und 750 g Hackfleisch (vom Rind oder gemischtes) drin krümelig braten.

2 rote oder gelbe Paprikaschoten putzen, waschen, fein würfeln und mit 1 Dose Tomaten (800 g) und 1/2 l Fleisch- oder Gemüsebrühe untermischen. Chili mit Salz und Sambal oelek (gibt's im Orientshop oder beim Türken) würzen, 30 Minuten köcheln lassen. Zum Schluss 2 Dosen rote Bohnenkerne (insgesamt 500 g) drin warm machen, nochmal abschmecken.

Und jetzt bleibt nur noch eins: Teller mit Chili füllen und essen. Reste mit Weißbrot auftunken.

Griechische Käsepizza

FÜR ZWEI: Schnell den Ofen auf 250 °C vorheizen. 1 fertig ausgerollten Pizzateig (aus der Kühltheke) entrollen und auf ein eingeöltes Pizzablech geben.

1 Kugel Mozzarella (125 g) und 1 Packung Schafskäse (200 g) klein würfeln, mit 2 EL Crème fraîche mischen und auf den Teig geben. Eingelegte Peperoni – Menge und Geschmack nach Belieben – hacken und draufstreuen.

Blech in den Ofen (Mitte!) schieben, etwa 12 Minuten warten, Pizza rausholen. And go!

Schnelles für liebe Freunde

gute

30

Minuten

Salat mit scharfen Käsebroten

Im Sommer gibt's nichts Besseres

FÜR SECHS:
1 Bund Rucola, 1 Romanasalat
1 Radicchiosalat, 2 Stangen Sellerie
2 Möhren, 2 Tomaten
1 Salatgurke
2 EL Essig nach Gusto
1 TL Senf (mittelscharf oder auch extra scharf)
Salz, Pfeffer aus der Mühle
4–5 EL Olivenöl
3–4 eingelegte Peperoni
150 g geriebener Bergkäse oder Emmentaler
2 EL Crème fraîche oder Sauerrahm
18 Scheiben Baguette

Zeit: 30 Minuten
Kalorien pro Portion: 515

1 Den Rucola verlesen, grobe Stiele abschneiden. Romana und Radicchio putzen und auseinander zupfen. Alles Grünzeug in viel kaltem Wasser waschen. Dann entweder in einem Sieb gut abtropfen lassen oder in einer Salatschleuder trockenschleudern. Oder für Garten- oder Balkonbesitzer: Salatblätter auf ein Küchentuch legen, alle Tuchecken zusammennehmen und das Ganze ein paar Mal über dem Kopf schwingen.

2 Den Sellerie waschen, putzen und in dünne Scheiben schneiden. Die Möhren schälen, quer halbieren oder dritteln, längs in feine Scheiben, dann in Stifte schneiden. Die Tomaten waschen und in Würfel schneiden, dabei den Stielansatz entfernen. Gurke schälen oder waschen, längs halbieren und quer in Scheiben schneiden.

3 Für die Salatsauce den Essig mit dem Senf und etwas Salz und Pfeffer verrühren. Dann das Öl mit einer Gabel kräftig unterschlagen und zwar so lang, bis die Sauce trüb und cremig wird. Den Backofen auf 250 °C vorheizen.

4 Die Peperoni ganz fein schneiden. Mit dem Käse und der Crème fraîche oder dem Sauerrahm mischen. Die Käsemischung auf den Baguettescheiben verteilen, nebeneinander aufs Blech setzen und im Ofen ungefähr 5 Minuten backen, bis der Käse so richtig schön zerlaufen ist. Fix alle Salatzutaten mit der Sauce mischen. Und jetzt darf so richtig geschlemmt werden.

AUCH NICHT SCHLECHT: 1 fein geschnittene Chili mit 1 EL Butter vermischen, salzen und auf die Brote streichen. Je 1 Scheibe Mozzarella drauflegen, backen. Oder 200 g zerkrümelten Schafskäse mit 2 EL Naturjogurt und 1 TL Harissa (gibt's im Orientshop oder beim Türken) vermischen, auf den Broten verteilen, im Ofen bräunen.

Bunter Reisnudelsalat
Mit Stäbchen probieren!

FÜR ACHT: 250 g Mangold oder Blattspinat • 500 g Soba- oder Udon-Nudeln (japanische Bandnudeln)* • Salz •
2 Bund Frühlingszwiebeln • 2 zarte Möhren • 1 walnussgroßes Stück frischer Ingwer • 150 g Egerlinge oder
Champignons • 200 g gegarte, geschälte Garnelen • 4 EL Reiswein* oder trockener Sherry • 4 EL Reisessig* •
4–6 EL helle Sojasauce* • 1–2 TL Wasabi (japanischer Meerrettich)*

Zeit: 45 Minuten • Kalorien pro Portion: 290

1 Mangold oder Spinat putzen bzw. verlesen, waschen, gut abtropfen lassen und in breite Streifen schneiden. Die
Nudeln in 5 l Salzwasser kochen, wie es auf der Packung steht. Während der letzten Nudelkochminute Mangold
oder Spinat mit in den Topf werfen. Dann alles in ein Sieb schütten, abschrecken, abtropfen lassen.

2 Die Frühlingszwiebeln waschen und putzen, die Möhren und den Ingwer schälen, die Pilze trocken abreiben.
Alles ganz fein schneiden: Zwiebeln in Ringe, Möhren in Streifen, Ingwer in Würfel und Pilze in Scheiben. Mit den
Nudeln und den Garnelen vermengen. Den Reiswein oder Sherry mit Essig, Sojasauce und Wasabi verrühren und
unter den Salat mischen. Probieren und vielleicht noch nachwürzen.

(*) Gibt es alles im Asienladen, teilweise auch in den Spezialitätenecken von gut sortierten Supermärkten.

Nudelsalat auf mediterrane Art
Mal nicht mit Mayo

FÜR ACHT: 500 g kurze Nudeln (Penne oder Fusilli oder Farfalle oder Orecchiette wären genau richtig) • Salz •
2 kleine Zucchini • 1 großes Bund Rucola • 500 g Tomaten • 2 EL schwarze Oliven ohne Stein • 2–3 rote
Chilischoten • 2 Knoblauchzehen • 4 EL Zitronensaft • 8 EL Olivenöl • 1 EL Kapern • 1 Stück Parmesan

Zeit: 30 Minuten • Kalorien pro Portion: 420

1 Die Nudeln in reichlich Salzwasser kochen, wie es auf der Packung steht. Ins Sieb schütten, abschrecken und
abtropfen lassen. Zucchini waschen, putzen, längs in dünne Scheiben, dann quer in feine Streifen schneiden. Den
Rucola verlesen, waschen und grobe Stiele abschneiden, die Blätter nicht zu fein hacken. Die Tomaten waschen
und schön klein würfeln, dabei den Strunk entfernen. Die Oliven grob hacken.

2 Chilis waschen und Stielansatz abschneiden, die Schoten mit oder ohne Kerne (die machen alles besonders
scharf) ganz fein schneiden. Knoblauch schälen und durch die Presse drücken. Beides mit Zitronensaft, etwas
Salz und dem Öl cremig rühren. Dann mit Nudeln, Gemüse, Rucola, Oliven und Kapern mischen. Und jetzt kommt
der Clou: Parmesan in feinen Spänen über den Salat hobeln. Entweder – ganz schick – mit einem Parmesanhobel
oder – ganz gelassen – mit dem Gurkenhobel (dann allerdings beim Hobeln nicht zu fest drücken).

für die

Party

Kartoffel-Meerrettich-Suppe

Für den kleinen Geldbeutel

FÜR ACHT:
1 kg mehlig kochende Kartoffeln (fest kochende Sorte geht aber auch)
2 Möhren
2 Stangen Lauch
2 Zwiebeln
2 EL Öl oder Butter (was gerade da ist)
2 l kräftige Gemüse- oder Fleischbrühe
150 g Crème fraîche
1 Stück frischer Meerrettich (etwa 5 cm) oder 2 EL geriebener Meerrettich (fertig gekauft)
Salz, Pfeffer aus der Mühle
2 Kästchen Gartenkresse

Zeit: 45 Minuten
Kalorien pro Portion: 220

1 Die Kartoffeln und die Möhren schälen und in kleine Würfel schneiden. Den Lauch putzen und das ganz dunkle Grün wegschneiden. Die Lauchstangen längs einschneiden und gründlich waschen, dann in feine (aber nicht zu feine) Streifen schneiden. Die Zwiebeln schälen und in kleine Würfel schneiden.

2 Den größten Topf raussuchen und auf den Herd stellen. Öl oder Butter drin warm machen. Gemüse reinrühren und 1–2 Minuten anbraten. Brühe angießen und bei kräftiger Hitze heiß werden lassen. Temperatur reduzieren, Deckel drauf und alles 15–20 Minuten leicht kochen lassen, bis die Kartoffeln weich sind.

3 Die Suppe pürieren – mit dem Pürierstab geht das super und zwar direkt im Topf. Wer keinen hat, muss es in der Küchenmaschine machen, portionsweise. Die Suppe im Topf mit der Crème fraîche verrühren. Frischen Meerrettich schälen und auf der Küchenreibe ganz fein reiben – direkt in die Suppe. Den fertigen Meerrettich in die Suppe löffeln. Unterrühren und die Suppe salzen und pfeffern.

4 Die Suppe auf Tellern oder Schüsseln verteilen. Die Kresse mit der Küchenschere abschneiden und darauf streuen. Mit frischem Brot essen. Noch ein kleines Schüsselchen mit Meerrettich mit auf den Tisch stellen, damit jeder nach Lust und Laune nachwürzen kann.

AUCH NICHT SCHLECHT: Statt Kartoffeln als Grundlage kann man für die Suppe auch anderes Gemüse wie Sellerie oder Broccoli nehmen. Da Kartoffeln aber eine gute Bindung geben, auch dann ein paar Kartoffeln mitkochen. Oder statt Meerrettich ein paar eingelegte Peperoni fein schneiden und mit den Blättchen von 1 Bund Thymian unter die Suppe rühren. Oder zum Schluss scharfe Knoblauchwurst in Würfeln unter die Suppe mischen und diese mit Tabasco noch schärfer machen.

Grüne Linsen-Curry-Suppe
Der Spinat macht's aus

FÜR ACHT: 2 Packungen TK-Blattspinat (zusammen 600 g) • 2 Zwiebeln • 4 Knoblauchzehen • 3 EL Butterschmalz • 200 g kleine rote Linsen • 2 EL Currypulver • 1/2 TL Sambal oelek (gibt's im Orientshop oder beim Türken) • 2 l Gemüsebrühe • Salz • 2 EL Cashewnüsse (darf auch „Bruch" sein) • einige Petersilienblättchen

Zeit: 30 Minuten (ohne Zeit zum Auftauen) • Kalorien pro Portion: 220

1 Schon morgens oder am Vorabend den Spinat aus der Packung nehmen und auftauen lassen.

2 Zwiebeln und Knoblauch schälen und fein schneiden. In einem großen Topf 2 EL vom Butterschmalz bei starker Hitze zerlaufen lassen. Zwiebeln und Knoblauch darin ungefähr 2 Minuten anbraten. Linsen dazurühren und auch kurz braten. Currypulver drüberstreuen, mitbraten. Sambal oelek und Brühe in den Topf, zum Kochen bringen. Hitze auf mittlere Stufe schalten und den Deckel auflegen. Ungefähr 10 Minuten garen, bis die Linsen weich sind.

3 Inzwischen den Spinat in einem Sieb gut abtropfen lassen und grob hacken. Die Suppe salzen, den Spinat reinrühren. Heiß werden lassen. Diese Zeit nutzen: Übriges Schmalz in einer kleinen Pfanne zerlaufen lassen und die Cashewnüsse darin unter Rühren anrösten. Mit den Petersilienblättchen auf die Suppe streuen.

Fischcurry mit Jogurt
Der indischen Küche abgeschaut

FÜR ACHT: 1 1/2 kg Fischfilet (Seelachs, Kabeljau oder Rotbarsch passen ziemlich gut) • 500 g Kirschtomaten • 2 Zwiebeln • 1 haselnussgroßes Stück frischer Ingwer • 1 grüne Chilischote • 1 EL helles Senfmehl • 3 EL Öl (geschmacklich nicht zu intensiv) • je 2 TL Kurkuma- und Kreuzkümmelpulver (gibt's im Orientshop oder beim Türken) • 2 TL mildes Paprikapulver • 100 g Naturjogurt • Salz • einige Petersilienblättchen

Zeit: 40 Minuten • Kalorien pro Portion: 265

1 Den Fisch in 2 cm große Stücke schneiden. Die Tomaten waschen und halbieren. Zwiebeln und Ingwer schälen und auf der Küchenreibe fein reiben. Chili waschen, den Stiel abschneiden, den Rest in dünne Ringe schneiden. Das Senfmehl mit 1/8 l Wasser anrühren.

2 Öl in einer hohen Pfanne richtig heiß machen. Zwiebeln, Ingwer und Chili reinrühren, kurz andünsten. Gewürze untermischen, Hitze ein wenig reduzieren, 5 Minuten anbraten. Dann Jogurt und Tomaten dazugeben, nochmals 5 Minuten köcheln. Senfwasser und 100 ml Wasser draufschütten und alles nochmal 5 Minuten garen, salzen.

3 Jetzt kommt der Fisch rein. Die Hitze noch weiter zurückdrehen, den Deckel halb auflegen und den Fisch in der Sauce etwa 8 Minuten ziehen lassen. Abschmecken, auf den Tisch stellen und Petersilie drüber. Dazu gibt's Reis.

ein großer Topf

Sushi mit Wasabi-Dip

Nicht ganz so perfekt, aber schnell und gut

FÜR SECHS ODER ACHT:
400 g Rundkornreis (am besten Sushi-Reis aus dem Asienladen, sonst Risotto-Reis)
4 EL Reisessig (aus dem Asienladen)
1 EL Zucker, 1 TL Salz
600 g ganz frischer Fisch (Tunfisch-, Lachs- und Makrelenfilet sind im Angebot)
6 EL Sojasauce
2–3 TL Wasabi (japanischer Meerrettich, aus dem Asienladen, gibt's aus der Tube oder
als Pulver zum Anrühren) + ein bisschen mehr

Zeit: 1 Stunde + 30 Minuten Abtropfen
Kalorien pro Portion: 390 (BEI SECHSEN)

1 Den Reis in ein Sieb schütten und so lange unter fließendem Wasser waschen, bis der ablaufende Strahl klar bleibt. Mindestens 30 Minuten im Sieb abtropfen lassen.

2 Den Reis mit 1/2 l Wasser bei voller Hitze zum Kochen bringen, ab und zu umrühren. Ungefähr 2 Minuten kochen lassen und dabei immer fleißig rühren. Dann sofort die Platte ganz klein schalten, Deckel auf den Topf und den Reis 15 Minuten quellen lassen. Nun Deckel runter, ein Küchentuch drumwickeln (um den Deckel, nicht um den Topf), wieder drauflegen. Topf von der Platte ziehen und den Reis nochmal 10 Minuten ziehen lassen.

3 Inzwischen Essig mit dem Zucker und dem Salz in einem kleinen Töpfchen erhitzen, bis sich der Zucker gelöst hat. Den Reis in eine Schüssel füllen und den Essig untermischen. Den Reis abkühlen lassen. In der Zeit gibt's Weiteres zu erledigen: Den Fisch in superdünne Scheiben schneiden. Das geht ganz leicht mit einem wirklich scharfen dünnen Messer.

4 Und jetzt Sushi formen. Nach und nach etwas Reis (so groß wie ein Tischtennisball) in die Hand nehmen und rund oder oval formen. Dabei die Hand immer wieder unters Wasser halten, dann klebt nichts. 1 Fischscheibe auf den geformten Reis legen und rundum leicht andrücken, sodass sie am Reis haftet. Die Sushi mit der Fischseite nach oben auf eine Platte legen.

5 Wenn alle Sushis geformt sind, Sojasauce mit 2–3 TL Wasabi verrühren, testen und nach Gusto eventuell noch ein bisschen dazugeben. Perfekt? Ja, dann in Schälchen füllen. Jetzt nimmt jeder sein Sushi (mit Stäbchen), tunkt es in die Sauce und beißt ab oder steckt es einfach ganz in den Mund. Eingelegten Ingwer, Sojasauce und noch mehr Wasabi stehen außerdem auf dem Tisch.

AUCH NICHT SCHLECHT: Zusätzlich oder statt des Fisches bunte, feine Gemüsestreifen – von Möhre, Gurke oder Paprika – vor dem Formen auf den Reis legen.

Türkische Spaghetti mit Jogurt

Ganz anders als gewohnt

FÜR ACHT:
8 Knoblauchzehen
1 Zwiebel
3 EL Olivenöl
800 g Hackfleisch (gemischt oder vom Rind oder vom Lamm)
Salz
1 gute Prise Zimtpulver
800–1000 g Spaghetti (ganz dünne oder auch etwas dickere)
2–3 grüne Chilischoten
1 schmale, längliche Paprikaschote (hellgrün oder gelb, gibt's beim Türken)
500 g Naturjogurt (am besten türkischer oder griechischer)
2 große Bund glatte Petersilie
1–2 TL Paprikaflocken (gibt's im Orientshop oder beim Türken) oder wenig scharfes Paprikapulver

Zeit: 30 Minuten
Kalorien pro Portion: 805

1 Die Knoblauchzehen und die Zwiebel schälen und ziemlich fein hacken. Öl in einer großen Pfanne heiß machen. Hackfleisch reinlegen und so lange braten und dabei mit dem Kochlöffel auseinander lösen, bis es schön krümelig und nicht mehr rot ist. Knoblauch und Zwiebel dazu, salzen und den Zimt drüberstäuben. Temperatur reduzieren (mittlere Stufe), Deckel drauf und alles 15 Minuten köcheln lassen.

2 Inzwischen schon mal den größten Topf, den das Haus zu bieten hat, aus dem Schrank holen. Viel Wasser reinschütten, 8–10 l wären ideal, salzen und zum Kochen bringen. Die Spaghetti reinstellen und versenken – mit dem Kochlöffel nachhelfen, bis alle unter Wasser schwimmen. Dann die Nudeln kochen, wie es auf der Packung steht.

3 Zwischendurch erledigen: Die Chilischoten waschen und den Stielansatz abschneiden, die Schoten mit oder ohne Kerne (die machen alles erst so richtig scharf) klein hacken. Paprikaschote putzen, waschen und fein schneiden. Beides mit dem Jogurt mischen und mit Salz würzen. Die Petersilie abbrausen und trockenschütteln. Die Blättchen von den Zweigen zupfen und zerschneiden – nicht zu grob und nicht zu fein.

4 Ist die Hackfleischsauce fertig, die Petersilie untermischen, eventuell nachsalzen. Danach gleich die Spaghetti abgießen und auf Teller verteilen. Sofort Sauce drauf und da drauf pro Teller gut 1 Löffel oder auch 2 vom Jogurt. Mit den Paprikaflocken oder dem Paprikapulver bestäuben, fertig.

Tomatenkartoffeln mit Hackbällchen
Machen Eindruck, aber wenig Arbeit

FÜR SECHS: 1 kg fest kochende Kartoffeln • 1 kg Tomaten • 5–6 Zweige Rosmarin • 2–3 getrocknete Peperoni • 2 EL Olivenöl • 50 ml Weißwein, Brühe oder Wasser • Salz • 1 Bund Basilikum • 1 Bund Frühlingszwiebeln • 1 altbackenes Brötchen, eingeweicht und wieder gut ausgedrückt • 700 g Hackfleisch (gemischt oder vom Rind) • 2 Eier • 1 TL abgeriebene unbehandelte Zitronenschale

Zeit: 30 Minuten + gut 1 Stunde Backen • Kalorien pro Portion: 555

1 Backofen auf 180 °C vorheizen. Die Kartoffeln schälen und in 1 cm dicke Scheiben schneiden. Die Tomaten waschen und ganz klein würfeln, dabei den Stielansatz rausschneiden. Rosmarinnadeln von den Zweigen zupfen und fein schneiden, Peperoni zerkrümeln (Mörser!). Alles mit Öl und Wein, Brühe oder Wasser mischen, salzen und auf einem Backblech verteilen. In den Ofen (Mitte!) schieben und ungefähr 45 Minuten backen.

2 Inzwischen Basilikumblättchen fein schneiden. Die Frühlingszwiebeln waschen, putzen, dunkles Grün abtrennen, den Rest fein schneiden. Mit den verbleibenden Zutaten und etwas Salz kräftig verkneten. Aus dem Fleischteig Klößchen formen, ungefähr so groß wie ein Tischtennisball. Auf die Kartoffeln legen und noch ungefähr 20 Minuten weitergaren. (Gartest: 1 Klößchen rausholen, aufbrechen und schauen, ob es durch ist.)

Bierkartoffeln mit Meerrettichquark
Superlecker und gar nicht teuer

FÜR SECHS: 2 kg junge, fest kochende Kartoffeln (sollten alle gleich groß sein) • 6 Wacholderbeeren • 6 Knoblauchzehen • Salz • 3 EL Öl (was gerade da ist) • knapp 1/2 l dunkles Bier • 1 Stück frischer Meerrettich (ungefähr 2 cm) • 1 Bund Schnittlauch • 500 g Topfen oder Schichtkäse oder Quark • 250 g Sauerrahm

Zeit: 15 Minuten + 50 Minuten Braten • Kalorien pro Portion: 470

1 Den Backofen auf 180 °C vorheizen. Die Kartoffeln gründlich waschen (junge Kartoffeln müssen nicht geschält werden) und längs halbieren. Die Wacholderbeeren im Mörser zerquetschen. Knoblauch schälen und durch die Presse drücken. Wacholderbeeren und Knoblauch mit Salz und Öl verrühren, unter die Kartoffeln mischen.

2 Die Kartoffeln mit den Schnittflächen nach unten auf ein Backblech legen. In den Ofen (Mitte!) schieben und 25 Minuten braten. Dann Bier angießen und nochmal ungefähr 25 Minuten braten, bis die Kartoffeln weich sind.

3 Während die Kartoffeln im Ofen sind, geht's um den Quark: Den Meerrettich schälen und fein reiben. Schnittlauch abbrausen, trockenschütteln und in Röllchen schneiden. Beides mit Topfen, Schichtkäse oder Quark und Sauerrahm gut verrühren, salzen. Zu den heißen Kartoffeln essen.

Knuspriges aus

der Röhre

Hühnerbrüstchen aus dem Sud

Ganz einfach, zart und saftig

FÜR SECHS ODER ACHT:
2 Bund Suppengrün
1/8 l trockener Weißwein
2 EL Zitronensaft
1 TL Pfefferkörner (weiße oder schwarze)
Salz
3 säuerliche Äpfel (zusammen etwa 350 g schwer)
1 kleines Bund glatte Petersilie
1 Stück frischer Meerrettich (etwa 4 cm)
1 1/2 EL Zucker
150 g Sauerrahm
1 Hähnchenbrustfilet pro Person (jedes ungefähr 200 g schwer, ohne Haut)

Zeit: 45 Minuten
Kalorien pro Portion: 395 (BEI SECHSEN)

1 Das Suppengrün waschen und putzen und schälen (dort, wo es nötig ist). Möhren, Sellerie und Petersilienwurzel erst in dünne Scheiben, dann in feine Stifte schneiden. Lauch in Ringe schneiden, die Petersilienzweige ganz lassen. Alles in einen weiten Topf – die Hähnchenbrustfilets sollten gut drin Platz haben – werfen. Den Wein mit 1 EL Zitronensaft und 3/4 l Wasser dazuschütten, die Pfefferkörner und etwas Salz reinstreuen. Den Sud zum Kochen bringen, kurz köcheln lassen.

2 Während der Sud-Aufkoch-Zeit an der Sauce arbeiten: Äpfel schälen, vierteln und entkernen. Die Viertel fein raspeln und gleich mit übrigem Zitronensaft mischen. Die Petersilie abbrausen, trockenschütteln und die Blättchen ganz fein schneiden. Den Meerrettich schälen und fein reiben, am besten gleich zu den Äpfeln. Die Petersilie, den Zucker und den Sauerrahm druntermischen, die Sauce salzen.

3 Hat der Sud ein paar Minuten richtig gekocht, die Hitze reduzieren (er soll jetzt nur noch leise vor sich hin blubbern). Die Hähnchenbrustfilets einlegen und in 8–10 Minuten gar ziehen lassen. Dann 1 Geflügelstück mit dem Schaumlöffel aus dem Sud fischen und mit einer Nadel oder einem Zahnstocher an der dicksten Stelle einstechen. Tritt klarer Fleischsaft aus, ist das Hähnchenbrustfilet fertig und alle anderen auch, und sie dürfen raus. Ist der Saft noch rötlich, müssen die Hähnchenfilets noch ein bisschen länger im Sud bleiben.

4 Sind die Brüstchen fertig, wie gesagt, alle aus dem Topf holen, das Gemüse ebenso. Meerrettichsauce gibt's dazu und vielleicht auch noch Salzkartoffeln. Oder doch einfach nur Brot. Egal, schmecken tut beides.

Nicht ganz so scharf

Zum Löschen

Einmal auf eine ganze Chilischote gebissen? Da liegt der schnelle Griff zum Wasserglas nah, wenn der Atem für einen kurzen Moment stockt und die Tränen zu laufen beginnen.

Ist aber einfach falsch: Flüssigkeit sollte man lieber nicht trinken, das verteilt die Schärfe gleich noch besser. Viel, viel wirkungsvoller: ein Stück Brot essen, das neutralisiert ungemein und bringt relativ rasch Erleichterung.

Klar, man kann natürlich einfach weniger von Chili, Meerrettich & Co. nehmen, wenn man nicht ganz so scharf essen will. Aber irgendwie schmeckt es dann oft auch einfach nach weniger.

Deshalb gibt's auf dieser Seite ein paar Ideen, was man machen kann, wenn man weniger feurig, aber nicht weniger gut essen möchte.

Süßes gegen Schärfe

Süße Früchte, wie Bananen, Ananas, Mangos und Birnen, aber auch Honig, Ahornsirup, Birnen- und Apfeldicksaft, Zuckerrübensirup oder normaler Zucker nehmen dem Essen etwas von seiner Schärfe. Einfach ein wenig davon untermischen.

Unbedingt ausprobieren: ein bisschen Chiliöl mit etwas Honig mischen und eine Salatsauce daraus machen. Pürierte Ananas mit wenig Sambal oelek oder Harissa schärfen und zu Gegrilltem essen. Halbierte Bananen in Chiliöl braten.

Süßer Senf

150 ml Weißweinessig und 1/4 l dunkles Bier mit 2 EL braunem Zucker aufkochen. 1 TL Salz dazu. 100 g feines gelbes Senfmehl und 1 EL helle Senfkörner untermischen. 5 Minuten lang durchrühren.

In Schraubgläser füllen und ein paar Tage stehen lassen, bevor man ihn genießt. Die Zeit braucht er nämlich, um sein volles Aroma zu entfalten, und vorher kann er außerdem auch mal bitter schmecken.

Schmeckt außer zur Weißwurst auch in der Salatsauce, in der Suppe und im Eintopf. Und auch zu gegrilltem Scharfem optimal.

AUCH NICHT SCHLECHT: Einige gehackte Estragonblättchen unter den Senf mischen. Statt des Biers Weißwein nehmen und den Zucker weglassen und es entsteht ein scharfer Senf.

Mango-Chutney

1 Mango schälen, Fruchtfleisch vom Kern schneiden und klein würfeln. Aus 500 g Tomaten den Stielansatz rausschneiden, die Tomaten mit kochend heißem Wasser überbrühen, häuten, klein würfeln.

1 walnussgroßes Stück frischen Ingwer und 2 Knoblauchzehen schälen, 1–2 Chilischoten putzen. Alles ganz klein schneiden.

Mit 50 g Rosinen, 150 g Zucker und 1/8 l Weißweinessig im Topf mischen und bei mittlerer bis schwacher Hitze 1 Stunde sanft köcheln lassen (soll dickflüssig werden). Salzen und in Schraubgläser füllen.

Schmeckt ausgezeichnet zu gegrilltem Fleisch und Fisch, zu gebratenem Gemüse und Kartoffeln und sogar auf dem Brot.

Currypulver selbst gemacht

EHER MILD: 3 getrocknete Chilischoten im Mörser fein zerstoßen oder mit dem Messer oder im Blitzhacker ganz fein hacken – je feiner, desto besser. Mit 3 TL Korianderpulver, 1 TL Senfpulver, 2 TL Kreuzkümmelpulver, 2 EL Kurkumapulver und 1 TL frisch gemahlenem schwarzem Pfeffer mischen und in ein Schraubgläschen füllen.

EHER MILCH: Koriander, Senf, Kreuzkümmel, Pfeffer und Kurkuma wie oben beschrieben mischen. Dann mit etwa 1–3 Prisen Cayennepfeffer einen Hauch von Schärfe geben.

Beides optimal zum Würzen von Suppen, Schmorgerichten und Gerichten aus dem Wok. Fein auch, wenn es mit Kokosmilch kombiniert wird.

Register von a-z

Die
Basic
family
wächst...

Italian Basics

ISBN 3-7742-2005-0

Basic baking

ISBN 3-7742-1642-8

Basic cooking

ISBN 3-7742-1142-6

Mini Basic

ISBN 3-7742-2202-9

Mini Basic

ISBN 3-7742-2198-7

Mini Basic

ISBN 3-7742-2200-2

Impressum

Die Autorin: **Cornelia Schinharl** (cornelia.schinharl@t-online.de). Stammautorin nicht nur bei GU, sondern auch im neu gegründeten Basic-Autorenteam, hat das richtige Händchen für flotte neue Rezepte. Was in ihren Büchern steht, stimmt immer, klappt immer, schmeckt immer! Und nach dem großen Backbuch hat sie nun große Lust auf Scharfes…

Der Fotograf: **Alexander Walter.** Dass seine Lieblingsthemen People, Reportagen und Stillife sind, hat er schon in der großen Basic-Cooking-Reihe mehrfach bewiesen – hier entpuppt er sich außerdem noch als unerschrockener und kreativer Foodkünstler. Sein Motto: Offen für alles!

Die Gestalter: **Sybille Engels** und **Thomas Jankovic.** Ebenfalls alte Bekannte! Die beiden waren auch schon verantwortlich für das unverwechselbare Outfit der großen Basic-Cooking-Reihe. Bei den Minis haben sie noch mehr Gas gegeben – in Richtung frisch & frech.

Die Models: **Markus Röleke, Janna Sälzer, Gabie Schnitzlein** (...siehe Basic cooking!).

Bildnachweis

Alexander Walter: Food-, People- und Produktfotos StockFood/Susie Eising: Titeleinklinker, Rückseite und S. 10/11 (Chilischote)

Konzept & Redaktion: Sabine Sälzer
Lektorat, Satz und DTP: Christina Kempe
Korrekturlesen: Mischa Gallé
Gestaltung und Layout: Sybille Engels und Thomas Jankovic
Fotos: Alexander Walter
Requisite, Styling, Food: Christa Schmedes, Sigrid Burghard, Sabine Sälzer
Assistenz Foodstyling: Katja Metzger
Herstellung: Renate Hutt
Repro: W&Co. Media Services, München
Printed in Italy

ISBN: 3-7742-2202-9

Auflage	4.	3.	2.	1.
	2003	2002	2001	2000

Die Basic family wächst...

ISBN 3-7742-2005-0

ISBN 3-7742-1642-8

ISBN 3-7742-1142-6

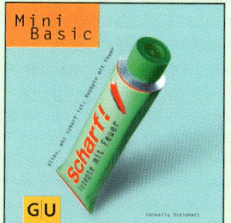

ISBN 3-7742-2202-9

ISBN 3-7742-2198-7

ISBN 3-7742-2200-2

Impressum

Die Autorin: **Cornelia Schinharl** (cornelia.schinharl@t-online.de). Stammautorin nicht nur bei GU, sondern auch im neu gegründeten Basic-Autorenteam, hat das richtige Händchen für flotte neue Rezepte. Was in ihren Büchern steht, stimmt immer, klappt immer, schmeckt immer! Und nach dem großen Backbuch hat sie nun große Lust auf Scharfes...

Der Fotograf: **Alexander Walter.** Dass seine Lieblingsthemen People, Reportagen und Stillife sind, hat er schon in der großen Basic-Cooking-Reihe mehrfach bewiesen – hier entpuppt er sich außerdem noch als unerschrockener und kreativer Foodkünstler. Sein Motto: Offen für alles!

Die Gestalter: **Sybille Engels** und **Thomas Jankovic.** Ebenfalls alte Bekannte! Die beiden waren auch schon verantwortlich für das unverwechselbare Outfit der großen Basic-Cooking-Reihe. Bei den Minis haben sie noch mehr Gas gegeben – in Richtung frisch & frech.

Die Models: **Markus Röleke, Janna Sälzer, Gabie Schnitzlein** (...siehe Basic cooking!).

Bildnachweis

Alexander Walter: Food-, People- und Produktfotos
StockFood/Susie Eising: Titeleinklinker, Rückseite und S. 10/11 (Chilischote)

Konzept & Redaktion: Sabine Sälzer
Lektorat, Satz und DTP: Christina Kempe
Korrekturlesen: Mischa Gallé
Gestaltung und Layout: Sybille Engels und Thomas Jankovic
Fotos: Alexander Walter
Requisite, Styling, Food: Christa Schmedes, Sigrid Burghard, Sabine Sälzer
Assistenz Foodstyling: Katja Metzger
Herstellung: Renate Hutt
Repro: W&Co. Media Services, München
Printed in Italy

ISBN: 3-7742-2202-9

Auflage	4.	3.	2.	1.
	2003	2002	2001	2000

Das Original mit Garantie

Unsere Garantie: Sollte ein GU-Ratgeber einmal einen Fehler enthalten, schicken Sie uns das Buch mit einem kleinen Hinweis und der Quittung innerhalb von sechs Monaten nach dem Kauf zurück. Wir tauschen Ihnen den GU-Ratgeber gegen einen anderen zum gleichen oder ähnlichen Thema um.

Ihr Gräfe und Unzer Verlag
Redaktion Kochen
Postfach 86 03 25
81630 München
Fax: 089 / 4 19 81 – 113
e-mail:
leserservice@graefe-und-unzer.de